QuizKnock
ファンブック

QuizKnock

はじめに

お手にとってくださりありがとうございます。
前作はオフィシャルブックでしたが、今作はファンブックです。その違い
も楽しんでいただけると幸いです（前作もぜひお求めください）。

なぜ今、ファンブックか。

おかげさまでQuizKnockというコンテンツは、多くの方からいろいろ
な愛情を注いでいただけるようになりました。しかし、常に動き続ける
メディアゆえ、どうしても各時点でのデータや個々の情報が、時系列に
埋もれてしまう……という不便が生じていました。
「わからない」は不正確な推測を生みます。知のメディアとして、それは
避けねばなりません。

ですから、メディアとして4年目を迎えた今、ここまでの記録を一度まと
め、正しく残しておきたい、と思ったのです。
それはもちろん、我々の記録であるとともに、関わってくださった多く
の方や、ファンのみなさんの記録でもあります。ゆえに、我々も含めた
「QuizKnockファンの本」なのです。

すべての愛の形に感謝しています。
唯一望むことがあるとすれば、本物の我々を愛してほしい。
もちろん、今後も我々は変わり続けますが、ここに残した現在は変わり
ようがありません。ぜひ、これまでの、そして今現在の我々の記録を
お楽しみください。

QuizKnock 編集長 / （株）QuizKnock CEO

伊沢拓司

CONTENTS 目次

002	はじめに
004	メンバープロフィール
020	ライター掲示板
028	QuizKnock 新オフィス紹介
030	QuizKnock 超詳細年表
038	外側から見た QuizKnock 高山一実（乃木坂46）
039	裏方は見た！ エンジニアF
040	QuizKnock 写真ギャラリー
050	外側から見た QuizKnock たなか
051	裏方は見た！ 動画編集K
052	コラム 株式会社 QuizKnock と「楽しいから始まる学び」 伊沢拓司
054	伊沢拓司＆ふくらPの平成全動画振り返り
072	外側から見た QuizKnock 宮戸洋行（GAG）
073	ライタークイズ超 PART 1
089	裏方は見た！ デザイナーO
090	コラム QuizKnock の記事ができるまで 山森彩加
092	QuizKnock 仲良し対談 こうちゃん×山本祥彰
106	外側から見た QuizKnock 氏田雄介
107	ライタークイズ超 PART 2
123	裏方は見た！ 営業M
124	コラム 学生クイズプレイヤーの1年 山本祥彰
126	スペシャル座談会 はなお×でんがん×伊沢拓司×ふくらP
142	特別付録 QuizKnock カルタ

QuizKnock member 01

Takushi Izawa

伊沢拓司

DATA

誕生日　　身長　　　靴のサイズ
5.16　**170cm**　**28cm**

利き手　　血液型
右　　　**B**型

QuizKnockでの担当
編集長

クイズ得意ジャンル
全般！

座右の銘
無知を恥じず、
無知に甘えるを恥じる

マイブーム
自転車

QuizKnock編集長、（株）QuizKnock CEO。2016年10月にQuizKnockを立ち上げ、2019年には会社化した。WEBの編集やYouTubeへの出演のほか、テレビ出演や執筆、講演登壇などで名刺を配りまくるのも仕事。「高校生クイズ」2連覇、「東大王」優勝などの戦歴を誇るクイズ王。趣味はギター、スポーツ鑑賞、筋トレ。

ON

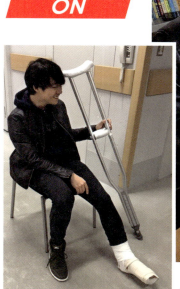

骨折……講演会前。

不在だったこうちゃんのパネルを作成中。

Takushi Izawa

OFF

ふくらPバースデーにて、ケーキをカット。

業務の合間。
僧帽筋を鍛えている。

QuizKnock member 02

Takuro Kawakami
川上拓朗

DATA

誕生日
12.31

身長
167cm

靴のサイズ
27cm

利き手
右

血液型
A型

QuizKnockでの担当
記事編集、ライター、動画出演

クイズ得意ジャンル
早押し

座右の銘
なし

マイブーム
VTuber

QuizKnock立ち上げから関わり、今はWEB編集、WEBライター、YouTube出演をメインに活動している。中学1年からクイズを始め、灘校クイズ同好会、東大クイズ研究会の会長を歴任。好きなアイドルはBiSH、最近はVTuberが好き。

ON

会議室にて、校正作業中。

スーツ川上。不届き営業マン。

OFF

卓球ゲームのVR体験中。

アー写撮影途中のひとコマ。
ジャケ写みたいだねって盛り上がった。

Takuro Kawakami

QuizKnock member 03

Takuya
Kawamura

河村　拓哉

DATA

誕生日
11.7

身長
166cm

靴のサイズ
26.2cm

利き手
左投左打

血液型
O型

QuizKnockでの担当
雨乞い

クイズ得意ジャンル
栗拾い

座右の銘
Lorem ipsum

マイブーム
嘘

東京大学理学部在籍、東京大学クイズ研究会所属。QuizKnock立ち上げメンバー。2017年4月29日の「東大主」に出演し、伊沢に次ぐふたり目のYouTuberに。過去にはNTV系「頭脳王」の作問などを手がける。QuizKnockでの主な業務として動画の出演・企画、謎解きの制作など。

第1回12時間クイズ終了後、まったり。

ON

マナー太郎先生？
金田一先生？

YouTuberの特権を活かし、
安くなる焼肉屋へ。

OFF

仕事後、深夜カラオケ。河村・ふくらは
へべれけ、伊沢は仕事終わらず延長戦。

Takuya Kawamura

QuizKnock member 04

Fukura-P
ふくらP

DATA

誕生日
8.7

身長
175cm

靴のサイズ
28cm

利き手
右

血液型
A型

QuizKnockでの担当
動画プロデューサー

クイズ得意ジャンル
理系

座右の銘
なし

マイブーム
パズル

本名は福良拳(ふくらけん)。2016年12月にWEBのライターとしてQuizKnockに参加。3ヶ月後、YouTubeを始めることを提案。現在は動画プロデューサーとして、企画、出演、編集を主な業務とする。

収録の合間。ダラっと3人
＋準備中のふくら。

ON

新紙幣クイズの準備をする姿は
さながら偽札作り。

初の顔出しイベント前日。本気で
この仮面で出るか悩んでいた。

OFF

ふたりで飲んでサブチャンネルごっこ。

Fukura-P

011

QuizKnock member 05

Shunki Sugai

須貝駿貴

DATA

誕生日
5.12

身長
179cm

靴のサイズ
27cm

利き手
右

血液型
B型

QuizKnockでの担当
実験企画（QuizKnock Lab）、動画出演

クイズ得意ジャンル
理系

座右の銘
燕雀安んぞ鴻鵠の志を知らんや

マイブーム
スマホゲーム

「ナイスガイの須貝」でおなじみ。YouTubeの出演が主。実験企画「QuizKnock Lab」の立案も担当し、書籍化もした。東大大学院総合文化研究科の博士課程学生でもあり、専攻は物性理論（超伝導）。東大の学部卒業時に一高記念賞、2018年に日本物理学会学生優秀発表賞などの受賞歴も持つ。趣味はアイドルのおっかけとゲームと時々野球。筋トレは趣味というか家事みたいなもん。

ON

60万人達成時。きっちり営業スマイル。

調理中？
いえいえ、立派な科学実験。

Shunki Sugai

OFF

ダラケ。

キズナアイスタイルを試す須貝。

QuizKnock member 06

Ayaka Yamamori
山森彩加

DATA

誕生日
1.6

身長
165cm

靴のサイズ
24.5cm

利き手
右

血液型
O型

QuizKnockでの担当
記事編集

クイズ得意ジャンル
QuizKnock記事での既出問題

座右の銘
努力・感謝・笑顔

マイブーム
欅坂46、読書

2017年8月にライター兼編集部メンバーとして加入。QuizKnockライター初のクイズ未経験者。2018年に東京理科大学を卒業。現在はWEB編集者として、記事のチェックやライターの育成を担当している。小3の頃の将来の夢は忍者。

いつもの仕事場。基本的に散らかり気味。

ON

YouTubeの企画「12時間クイズ」中に12時間ツイッターをする仕事。

家族で地元の山・泉ヶ岳（1,172m）に登ったときの1枚。休日に山登りがち。

OFF

富士登山の8合目にて。つらい山場を乗り越えて顔色も明るい。この後、無事登頂に成功。

Ayaka Yamamori

QuizKnock member 07

Ko-chan
こうちゃん

DATA

誕生日	身長	靴のサイズ
11.28	**168cm**	**27cm**

利き手	血液型
右	**O**型

QuizKnockでの担当
記事校閲、
動画出演・動画企画

クイズ得意ジャンル
歴史、高校までの勉強

座右の銘
非公開

マイブーム
ノーベル賞受賞者暗記

本名は渡辺航平。QuizKnockには2017年6月にライターとして加入。2018年1月からはYouTube出演も行うように。東大法学部の学生であるが、前期課程（教養学部文科一類）の頃は法律以外にも相対性理論や行列、心理学など様々な学問を勉強していた。クイズを始めたのは大学から。趣味はカラオケ、仮面ライダー鑑賞など。今でも欲しい変身アイテムが発売されたら買う。

016

ON

Twitterプロフ用写真の撮影中。

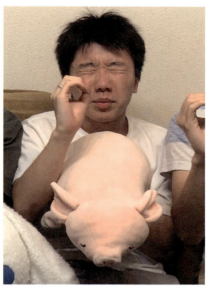

きれいにボツな1枚。

OFF

21歳バースデー。

2018年忘年会での1枚。

Ko-chan

QuizKnock member 08

Yoshiaki Yamamoto
山本祥彰

DATA

誕生日
6.1

身長
159cm

靴のサイズ
25cm

利き手
右

血液型
A型

QuizKnockでの担当
謎解き作成、ライター、動画出演

クイズ得意ジャンル
漢字

座右の銘
非公開

マイブーム
四字熟語を覚える

2017年11月よりライターとしてQuizKnockに加入。現在は、謎解き作成、記事執筆、YouTube出演などを主な業務として活動。出演メンバーとしては珍しく東京大学の学生ではない（早稲田生）。趣味は、クイズ、漢字の勉強、YouTube鑑賞。

ON

体育館撮影にて。寒かった……。

調理前の山本。このあと
ゲテモノができる。

OFF

お寿司大好き山本。一気に頼んでご満悦の表情。

旧オフィスでの食事は、誰
かひとりが洗い物担当に。

Yoshiaki Yamamoto

019

K. Mimori

QuizKnock member 09

誕生日	身長	靴のサイズ	利き手	血液型	QKでの担当
6.2	161cm	24cm	右	AB型	記事全般

クイズ得意ジャンル：生物、世界地理
座右の銘：習うより慣れよ
マイブーム：旅行、食べ歩き、映画鑑賞

FREE COLUMN
人生の可能性を広げる「クイズ」という手段

多くのQuizKnockライターの皆さんと違って、僕には「競技クイズ」の経験がありません。クイズプレイヤーの憧れ「高校生クイズ」は予選にさえ行ったことがないし、週末にクイズ大会に出場することもないです。

それにもかかわらず、僕はQuizKnockの記事を読んだり、地上波のクイズ番組を観たりすることで、毎日のようにクイズと触れ合っています。それは「クイズを通じて、人生の可能性が広がる」と考えているためです。

食べたことのない料理でも、QuizKnockの記事に登場すれば「ここの店に食べに行こうかな」と思えます。知らない観光地でも、クイズ番組で出題されれば「次の休みに行ってみようかな」と思えます。結果として、新たな趣味が見つかったり、特技が増えたりするかもしれません。僕にとってクイズとは、大袈裟に言えば「人生の可能性を広げる一つの手段」なのです。

最近のクイズ番組は「高学歴対決」と称する内容が増えてきたように思えます。僕も「慶應医学部」の肩書きでクイズ番組に出演したことがあります。そういった番組も非常に楽しいのですが、本来クイズとは学歴に関係なく楽しめるものであるし、そもそも誰かと競う必要すらないと考えています。

QuizKnockは何十人もの個性豊かなライターたちによって支えられており、各々が自分の得意ジャンルをテーマに執筆しています。僕もライターに就任したことで、旅行や映画やグルメなど「自分の経験したこと」をクイズを通じて広められるようになりました。

QuizKnockの最大の魅力は、そんなライターたちによって書かれた3000本以上の記事の中から、気になったものを好きなタイミングで読めることだと考えています。お気に入りの問題はブックマークしておけば、いつでも見返すことができます。

一度きりの人生、せっかくなら色々な体験をしたいですよね。新しい趣味を得るにはまず「知ること」が最優先。クイズを通じて、新たな体験への扉を開いてみては？

QuizKnock Mini Quiz 動画を見るほど正解しやすい!? メンバーが厳選したミニクイズ!!

宮原仁 *Jin Miyahara*

QuizKnock member 10

誕生日	身長	靴のサイズ	利き手	血液型	QKでの担当
8.6	170cm	25cm	右	O型	記事全般（クイズジムが好き）

クイズ得意ジャンル	座右の銘	マイブーム
映画、政治、日本史	山より大きな猪は出ない	アマゾンプライムビデオ

FREE COLUMN
クイズのすゝめ

私がクイズに出会ったのは大学1年生の春。京都大学クイズ研究会Mutius（ムティアス）の新歓に参加した時です。「早押しボタンを押してみない？」という旨の誘い文句に乗せられて、ホームページで調べた教室に足を運びました。

しかし、初心者の私はなかなかボタンを押すことができませんでした。チーム戦の企画だったので、これは非常に気まずい。

問題文を最後まで聞いたら答えられそうなものもあったのですが、ボタンを点灯させるのがまず難しい。「間違ったらどうしよう」という思考が先に働いてしまいます。

焦る私でしたが、ようやく分かる（ボタンを押せる）問題が。「昨シーズン、ヤクルトの山田哲人とソフトバンクの柳田悠岐が～」。正解は「トリプルスリー」。2016年だったのでちょうど話題の問題でした。

正解できてホッとするのと同時に、すごい高揚感を感じました。ボタンを押す緊張と「正解」と言ってもらえる喜びが相まって、とても気持ちよかったのです。

以来3年、その高揚感を追い求めてきました。

1年生の頃に感じていた経験者との力の差もやがて埋まり、3年生になると全国の800人近い学生が参加するクイズ大会で準優勝するまでになりました。

クイズというのは、実は難しい知識ばかりを求めるものではありません。たとえば「トリプルスリー」という知識は、野球に詳しくない私でも知っている程度のものです。むしろ、早押しクイズでは「いかに早く押すか」というテクニックがものを言ってきます。これはクイズをやっていれば自然と身についてくるものです。

クイズに興味があるなら、どこかのサークルの活動に参加してみることをおすすめします。最近ではインターネット上で活動しているサークルもあります。

必ずしも私のように正解を出すことに楽しさを見出す必要はありませんが、クイズの楽しさというのは、やってみなければ感じられない部分も大きいと思います。隠れた才能が見つかるかもしれませんよ。

Mini Quiz Q.1 証明終了を表す「Q.E.D.」とは、何という言葉の略？

神山悠翔 *Yusho Kamiyama*

QuizKnock member 11

誕生日	身長	靴のサイズ	利き手	血液型	QK での担当
10.2	184cm	27cm	右	B型	記事全般

クイズ得意ジャンル	座右の銘	マイブーム
科学、芸術	健康第一	競技プログラミング、DTM

FREE COLUMN
思い出の1問

私がクイズを始めたのは高校1年生のときです。幼い頃からテレビの「高校生クイズ」に憧れていて、強豪として知られる浦和高校クイズ研究会の門を叩きました。とはいえ、当初は自分がテレビで活躍するようなクイズプレイヤーになれるとは到底思っておらず、兼部していたグリー部（男声合唱）の練習が終わる18時過ぎからクイ研に行くという生活を送っていました。今思えば夜遅くまで部活動をやらせてくれて感謝しかないです。グリー部の夏の大会が終わる頃にはクイズの面白さにのめりこんでいくようになり、段々と活動の比重を移すようになりました。特に印象的だったのは「ウィドマンシュテッテン構造」です。

あるとき父の知り合いが見せてくれた小さな隕石の説明書きに、その不思議な語感の文字列はありました。以前ならそのまま通り過ぎるところでしたが、クイズにはまり始めていた私はその文字列を

ネットで調べて、1問のクイズにしました。ウィドマンシュテッテン構造とは、鉄隕石の内部に見られる特有の模様のことです。クイ研で出題したところ誰も分からず、私は何か、世界の誰も知らない宝物を見つけたような得意気な気持ちになったのです。ところが数か月後、とあるクイズの大会でウィドマンシュテッテン構造が出題され、それが正解されたということを知ります。この宝物を持っている人が他にも多数いたことに衝撃を受けると同時に、クイズを続けていけばこのような宝物にたくさん出会えるのだという確信めいた予感を抱きました。

奇遇にも今や大学の研究室で隕石や小惑星の専門的な勉強をしています。クイズも始めてから8年目になり、今まで多くの物事と出会ってきましたが、今でもなお新たな知識との出会いには事欠きません。世界の広さを教えてくれるクイズ、その感動を共有するツールとしてのクイズの面白さを、これからも広めていけたらいいなと思います。

Mini Quiz A.1 | **Quod Erat Demonstrandum** 　長いけど、言えたらかっこいいですね〜。(こう)

森川舜 *Shun Morikawa*

QuizKnock member 12

誕生日	身長	靴のサイズ	利き手	血液型	QKでの担当
9.20	172cm	26cm	右	A型	主に解説記事

クイズ得意ジャンル	座右の銘	マイブーム
世界史	雲の上はいつも晴れ	料理、サッカー（見る、やる）

FREE COLUMN
QuizKnockと歩んだ2年間

ライターを始めてまだ日が浅いため、今までの活動内容ではなく「どのようにして私がQuizKnockに出会い、虜になり、そして今に至ったのか」を書いていきます。

高校3年生のとき、YouTubeを見ていると、関連動画の中にQuizKnockの動画が紛れ込んでいました。その動画はチャンネルを開設した初日にアップロードされた「【激ムズ】クイズ王が色あてクイズに挑戦してみた！」。そこでQuizKnockの存在を初めて知りました。

クイズのみのYouTubeチャンネルなど見たことがなかったので、斬新なスタイルだなと思いつつ、その動画を見ていました。本格的なクイズは未経験であるものの、クイズが好きだった私は徐々にQuizKnockの動画を見るようになりました。

転機が訪れたのは同年の夏休みです。東大生3人が事前に集めた勉強に関する質問に、生放送で全て返答するというQuizKnockの特別企画がありました。

私も受験勉強に励んでいましたが、勉強方法に行き詰まることがしばしばありました。そのとき、この配信を見たのです。質問の中には私が困っていたことに類似したものもあり、それに的確に答えていく3人への尊敬の念が芽生えはじめていきました。

このときを境に、QuizKnockについてもっと知りたいと思うようになり、記事も読むようになりました。記事には動画にはない面白さもたくさんあり、例えば「お前、名前あったのか……意外と名前を知らない身近なもの」シリーズでは、身近すぎて逆に気にしていなかったものにスポットを当ててクイズを出題し、読者の学びを広げてくれていました。知識欲旺盛だった私にとって、QuizKnockを通して楽しく学びが広がっていくことは大変なよろこびで、すぐに記事を読むのが習慣となりました。

そして、この時期から大学入学後はQuizKnockでライターをしてみたいという気持ちが芽生えたのです。大学受験が終わるとすぐにQuizKnockに向けてメッセージを送り、それから様々なプロセスを経て、いま現在に至ります。

私にとってQuizKnockは一緒に過ごし成長させてもらった友人のような、もしくは先生のような存在です。ですが、私の立場は読み手から書き手に変わりました（もちろんこれまで通り記事も読んでいますが）。これからはライターとしてQuizKnockに貢献し、皆さんの知識欲をくすぐるような面白い記事をどしどし書いていきますので、今後もよろしくお願いします。

Mini Quiz Q.2 「腐ったチーズ」という意味がある、ウジ虫を使って作られるチーズは何？

縄手佑平 *Yuhei Nawate*

QuizKnock member 13

誕生日	身長	靴のサイズ	利き手	血液型	QK での担当
11.19	178cm	26cm	左	A型	解説記事

クイズ得意ジャンル　**暗号、理系一般**
座右の銘　**正しい努力**

マイブーム
フットサル、ゴルフ、ファッション、旅行

FREE COLUMN
学びの玄関口

勉強や宿題となると「うわあ、やりたくない〜」と思ってしまうけれど、クイズ番組を観たり、QuizKnock の動画や記事を見たりするのは好きという方もいるのではないでしょうか。小学生の僕もそうでした。しかし中学生の頃、勉強をしていて気づいたのです。「クイズと勉強の本質は変わらないのではないか」と。というのも、学校の宿題や受験勉強をしていく中で、家族でクイズ番組を観ている時に答えられる問題の数が増えていったからです。それが非常に嬉しく、勉強のモチベーションにもなりました。

そもそもクイズはなぞなぞと異なり、知識を元に解答するものです。ひらめきを要するものもありますが、基本的には知っていなければ解くことができません。学校のテストもその内容の勉強をしたことがなければ点数を取ることはできません。お気づきの方もいるかもしれませんが、クイズと学校のテストの本質が同じなのは、実は当たり前のことなのです。英語で「quiz」とは、小テスト・知識を試す質問という意味なのですから。

テレビ番組やネット動画で、自分が知りもしないことをいとも簡単に答える人を見てすごいと思うことは今でも多々あります。ですが、難問に答えているその人も、どこかで努力して学んで確かな知識を得ていたから答えられているのです。生まれたときにすでに頭に入っていたわけではありません。

現在僕は医学の勉強をしています。そして医師になってからも一生勉強です。しかし、自分が小さかった時と比べてそれをつらく感じることはないように思います。「大人なんだし当たり前だよ」って思う人もいるかもしれません。ですが、もしこの世にクイズというものがなかったら勉強を続けていられたかわかりません。僕にとっては間違いなく、クイズで得た嬉しさが学びのきっかけになったと思います。

勉強勉強とたくさん書いてしまいましたが、このコラムを読んでくださった方の中に、もしクイズは好きだけど勉強が嫌いという人がいたら、まずはクイズを自分で解いてみることから始めてみませんか。

Mini Quiz　A.2 | **カース・マルツゥ**　伊沢さんが伝えようとして伝わらなかったもの。（山本）

青松輝
Akira Aomatsu

QuizKnock member **14**

誕生日	身長	靴のサイズ	利き手	血液型	QK での担当
3.15	175cm	28cm	右	O型	短歌に関する連載

クイズ得意ジャンル
長文難問の大会に出そうな問題

座右の銘
こんなにも人が好きだよ
くらがりに針のようなる光は射して
中澤系『uta0001.txt』

マイブーム
クイズ大会の対策

FREE COLUMN
知識と自分しかいない部屋で

クイズは特殊な趣味だと思います。QuizKnockの動画や、テレビに出ている人たちは人気者ですが、当然ふつうにクイズをしているだけでは人気者にはなりません。僕含め、趣味としてクイズをしている多くの人は別に褒められるでもなく、どちらかといえば「特殊な趣味の人」という位置づけがなされるでしょう。にもかかわらず、高いレベルを目指すとすごく労力がかかるのがクイズです。いろんな事を覚える必要があるから当然です。

僕はよく社会人が多く参加する大会に出ますが、高校の頃からクイズをしてきた自分が全く通用しないことに毎回驚かされます。学生ではない社会人の方が、テレビに出るでもお金をもらえるでもなく、自分のクイズに対する愛とプライドのために、仕事をしながらすべてを賭けて努力をしていることにとても感動します。

僕含め、クイズオタクは傍から見ると少し変かもしれません。でも、変に見えるからこそ楽しいんだとも感じます。自

でも、なんでこんなことを暗記してるんだろう……と思ったりします。知識は人生を良くしますが、具体的にメリットがあるわけではありません。なのに、ずっとクイズを「続けてしまう」。純粋な好奇心、クイズの面白さ、それだけによって駆動することの誠実さ、幸せさは筆舌に尽くしがたいものがあります。

僕の尊敬する人は、ある文章に「クイズ界そのものが消滅してもクイズは続けると思います。そもそも、クイズというか知識を貯めることを卒業するというのが信じられません」と書いていました。その人はとても知識がある人ですが、それを誰かに披露できなくてもいい、というのです。自分と知識があれば他人なんていらない、という世界。そんな境地で自分もクイズができたらと思います。

そして同時に、読者のみなさんにもQuizKnockを通して、なにかを知ることの純粋な喜びと出会ってもらえれば、僕と同じ気持ちになってもらえれば、とも思います。知識と自分しかいない部屋は、すごく居心地がいいものですよ。

Mini Quiz **Q.3** 「木曽路はすべて山の中である。」という書き出しで始まる、島崎藤村の小説は何?

志賀玲太 *Laeta Shiga*

QuizKnock member 15

誕生日	身長	靴のサイズ	利き手	血液型	QKでの担当
4.28	174cm	26.5cm	右	A型	記事全般（主に美術・サブカルチャー）

クイズ得意ジャンル	座右の銘	マイブーム
芸術、謎知識系	見たものが人を作る	詩歌

FREE COLUMN
見ることの話

芸術の分野で日々作品に触れていると、自分の理解の及ばない「よくわからないもの」にしばしば出会います。芸術と呼んでいいかも疑わしい「よくわからないもの」と対峙するとき、信じることができるのは結局、自分自身の眼だけです。この眼がどれだけ利くかどうかが、芸術作品のみならず、学問や、それこそ世界と向き合う上で大事なことだと私は思っています。しかし眼と言っても、それは何も特定の人だけが持つ天性の才能でもなく、ましてや巷で感性と呼ばれるような霊感じみた何かでもありません。時に逃げ出したくもなるような「よくわからないもの」を自身の眼で見ようとするとき、その眼を開かせてくれるのは、自分が過去に重ねてきた経験であり、積み上げてきた知識です。

QuizKnockには、人の2倍も3倍もの努力の末に多くの経験と知識を得たような、優秀と呼ぶに相応しいメンバーが何人も在籍しています。気の向くままに過ごしてきた、お世辞にも優等生とは言い難いような私にとっては、そんな彼らの持つ眼がたまにどうしようもなく羨ましく思えてしまうことがあります。しかし残念なことに、頭をそっくり取り替えることができないように、彼らの持つ眼で世界を見ることはどうやったってできません。

ただ喜ばしいことに、私たちは自分の眼を、これからいくらだって好きなように作り上げていくことができます。もちろん、そのためには何かを学ばなくてはなりません。だからと言って、その学びは必ずしも苦労と苦悩の末に得られるものではなく、楽しみの中に見つけることができるものでもあります。そして、楽しみながら得た知識や経験は、ときに何物にも勝る力を与えてくれます。それこそ、今日と明日とで世界の見え方を変えてしまうような。

QuizKnockは「楽しく学ぶ」ことを本当に大切にするメディアだと感じていて、私はそれに携わることができるのが何より嬉しくて、こうして活動しています。QuizKnockを見てくれた人が少しでも楽しく何かを学ぶことができたら、そして少しでも違う世界が見えるようになったとしたら、それ以上嬉しいことはありません。

Mini Quiz **A.3** 『夜明け前』　「木曽路」の対義語は「温野菜」。（川上）

オグラサトシ *Satoshi Ogura*

QuizKnock member 16

誕生日	身長	靴のサイズ	利き手	血液型	QKでの担当
3.20	160cm	24.5cm	右	A型	記事全般

クイズ得意ジャンル	座右の銘	マイブーム
地歴公民	知は力なり	ドラクエ

FREE COLUMN
ペットボトルの底から見る世界

私の好きなクイズに「炭酸飲料のペットボトルの底にあるくぼんだ形状を何という？」というものがあります。答えは「ペタロイド」というのですが、このクイズに出会うまで、名前はもちろん、そこに名前がついていることすら知らなかった人も多いのではないでしょうか？

古代ギリシャの哲学者ソクラテスの思想に「無知の知」というものがあります。「自分が無知であることを自覚することが真の知に至る出発点である」という考え方です。知らなかったペタロイドという名前を検索してみると、英語で「花びらの形」という意味があり、炭酸ガスの圧力を分散させてペットボトルが壊れないようにする役割がある、と知ることができます。これは「真の知」にはほど遠い豆知識ですが、「自分が知らないことすら知らないこと」を知ることで、思いもよらない世界が広がることを教えてくれるのです。

何でも検索すればネットが答えてくれる時代ですが、知ろうとしなければそもそも検索することもありません。クイズには、なんとなく毎日を過ごしているだけではなかなか出会うことのない「無知の知」のきっかけ、知りたいという気持ちのきっかけがたくさん詰まっています。

私がQuizKnockの記事を書くときも、それまで想像すらしなかった知識との出会いの連続です。下調べをしていて気づけば数時間たっていたということもザラにあります。さも最初から知っていたように記事に書きますが、実際には知らなかったことも多いのです。ですからみなさんも安心して知らなかったことに向き合ってみてください。知っていたということを楽しむのもクイズの楽しさですが、全然知らなかったことに想像を巡らせたり、調べたりするのも楽しみ方のひとつです。QuizKnockがみなさんと新しい世界との架け橋となることを願っています。

Mini Quiz Q.4 「Mステ」出演時にエリンギを紹介し、エリンギブームに火をつけたとも言われる有名歌手は誰？

QuizKnock 新オフィス紹介

2019年2月にオフィスを移転したQuizKnock。撮影部屋から執務室まで、その全貌を間取りとともに公開!!

1. 玄関から眺めた廊下。こんな構造です。 2. 廊下。資材やホワイトボードの置き場と化している。

Mini Quiz **A.4** 桑田佳祐　ちなみにエリンギはヒラタケ科。(ふく)

3.会議室。山森デスクや筋トレ器具、本棚などが同じ空間にギッシリ。4.マンガ本棚。学びの共有の場。5.執務室。デスクはフリーアドレス。大量のMacが置かれている。

6.執務室には大きなモニターが。これでテレビを見たり、ゲームをしたり、時にはプレゼン資料を投影するなど仕事にも使ってますよ！7.前のオフィスより大きくなったキッチン。実験動画などの撮影でも使われる。調味料豊富。8.撮影部屋。資材の奥に見慣れた光景が。9.撮影部屋を、ソファーから眺めた光景。動画メンバーは普段こんな視点です。10.執務室の壁際。壁にはメンバーが講演に伺った学校を書いていく日本地図が。

Mini Quiz Q.5　本名を「金之助」という、日本が誇る文豪といえば誰？

QuizKnock 超詳細年表

2016
2017
2018
2019

QuizKnockの軌跡とターニングポイントが一目瞭然!?　WEBのPV、YouTube
チャンネル登録者数の推移とともに重要事項をまとめました。

2007.6　伊沢、クイズを始める

8
Aug.　**伊沢、QuizKnock 立ち上げを決意**

　　　川上、河村が QuizKnock に参加

9
Sep.　21　立ち上げ日を前に伊沢宅で緊急会合

　　末　WEBサイト QuizKnock デザイン完成

　　末　伊沢、テレビ朝日「ハナタカ！優越館」ロケレギュラーに

10
Oct.　2　**WEBサイト QuizKnock 立ち上げ**

　　2　記事連載「常識 Knock」始動

　　7　記事「オタクは水族館デートに行くな【東大生・自慢のデートテク】」公開

　　7　水上、初記事公開

　　12　豊岡、初記事公開

　　12　S.O.、初記事公開

　　14　鶴崎、初記事公開

　　19　川上、ペタンク（フランス発祥の球技）をする

初正解は「キャベツ（シュークリームのシューとは……）」だった

現在のQuizKnockの大枠が決定される

初の地上波レギュラー

TBS特番「東大王」収録中だった

ペタンクの記事も書いた

Mini Quiz **A.5**　│　夏目漱石　　スーパー夏目漱石クイズなので、答えは全て夏目漱石。（こう）

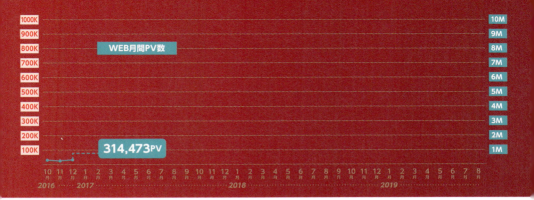

	20	第1回「東大王」放映
	21	記事「勝手に第1.5回東大王開催！『限界しりとり』で水上・鶴崎と対決！」公開
	26	記事「天皇陛下のタヌキ論文をザックリ読む」公開
11 Nov.	4	Hattori、初記事公開
	14	Suzuki、初記事公開
	16	柳野、初記事公開
	16	Takahashi、初記事公開
	19	ニコニコ生放送のクイズ番組「LOCK OUT！」に伊沢、川上、河村で出場
	20	「パインアメと青春をワインに漬ける【あしたはげつようび】」公開
12 Dec.		ふくらP、QuizKnockに参加
	18	小林、初記事公開
	19	コジマ、初記事公開
	21	ymori、初記事公開
	25	あきのぶ、初記事公開
	28	一等兵、初記事公開
	31	記事「我等クイズ王探索団　話題の築地市場内部へ潜入！」公開

注釈:
- 公開直後にレイアウトが崩れ、マックで必死こいて直した
- 3年後、この記事がきっかけで『世界ふしぎ発見！』からお呼びがかかる
- いいところで負ける
- 午前2時の作業
- 最初は編集部として記事チェックに入る

QuizKnock HISTORY 2016

Mini Quiz **Q.6** 「経済」とは、何という言葉の略？

031

QuizKnock 超詳細年表

2016
2017
2018
2019

1 — 4 伊沢、マックで卒論を書いて提出 .... ネットが料金未払いで止められていた

Jan.

    4 PV数ダブルカウント事件発生

2 — 2 記事連載「朝Knock」始動

Feb.

     ふくらP、「YouTubeやりたい」と言う

見えていたPVが2倍で計測されていたことがわかり、全員絶望

3 — 19 記事の公開が「朝Knock」だけだった日 .... いわゆる「QuizKnockが死んだ日」

Mar.

4 — 16 **最初のYouTube動画公開**

Apr.

     28 「ねとらぼアンサー」とのコラボ、始まる

     29 動画「【東大王リスペクト企画】東大主〜超簡単な問題だけのNo.1決定戦〜」公開

5 — 26 動画「高校生へアドバイス！高校生クイズ優勝・開成高校OB田村正資と対談」公開

May

6 — 6 記事連載「博識テスト」始動

Jun.

     15 こうちゃん、QuizKnockに参加

     18 山本、神山擁する早稲田チームが「東大王」出演、神山が大活躍をする

伊沢の先輩・田村正資が初登場

     18 志賀、初記事公開

7 — 3 山森、伊沢・河村と初対面 .... シャンパンをめっちゃ飲む会になる

Jul.

    4 TVアニメ「ナナマルサンバツ」1話放映、解説放送を毎回独自開催

Mini Quiz **A.6** | 経世済民　　　「天一」は天下一品の略。（山本）

8 Aug.	7	山森、初記事公開
	8	山森、QuizKnock編集部に参加 ……………
	12	QuizKnockメンバーでロック・イン・ジャパン・フェスティバルを見に行く ……………
9 Sep.	10	「東大王」にて、K.Mimori参加の一般応募枠チームが東大王チームを破り優勝 ……………
	13	動画「専門家VSクイズ王！ガチンコでクイズ対決！【チョコレート編】」公開
	24	「東大王」にて、K.Mimori参加の一般応募枠チームが防衛戦に挑むも、東大王チーム勝利
10 Oct.	4	動画「【もはやコント】東大生が「頭が良くなる最強のお菓子」をガチ紹介で商品化！？」公開 ……………
	18	動画「東大生でも四国がオーストラリアになっていたら気づかない説」公開
11 Nov.	2	オグラ、初記事公開
	4	神山、初記事公開
	10	山本、初記事公開
	25	ナイスガイ須貝、YouTube鮮烈デビュー
12 Dec.	16	こうちゃんと山本、初対面
	16	QuizKnockメンバーでバーベキュー ……………
	20	動画「東大生が小学校の教室で抜き打ちテスト!?満点取れないと……」公開

丸囲み注釈:
- 終電ギリギリなのにオフィスに携帯の充電器を忘れて、猛ダッシュする
- 大トリはRADWIMPS
- 晴れて「一般王」となる
- ギンビス社員のみなさんが優しかった
- 多くのライターが初対面

Mini Quiz Q.7 陸上の十種競技で、最初に行われるのは100メートル走ですが、最後に行われるのは何でしょう？

033

QuizKnock 超詳細年表

2016
2017
2018
2019

1 Jan.
- 1 　動画「朝からそれ正解」シリーズ#1を公開
- 12　YouTube サブチャンネル「QuizKnock会議中」スタート
- 　　YouTube チャンネル登録者数10万人達成
- 　　こうちゃん、QuizKnock編集部に参加

2 Feb.
- 1 　Yoshida、初記事公開
- 12　イベント「伊沢拓司のクイズ&トーク」開催
- 16　動画「ハリーポッター完コピガイ」公開
- 24　須貝、深夜に松屋で財布を盗まれる
- 　　河村と須貝、初対面

3 Mar.
- 10　動画「【ゆきりぬ】答え知っててもクイズ王には勝てないのか!?ハンデ戦ガチンコ早押しバトル!」公開
- 17　動画「【理系ホイホイ】ガチすぎる7大学対抗戦!No.1の大学は?【元素版ちはやふる】」公開　提供:東京エレクトロン

4 Apr.
- 7 　動画「【実況者VSクイズ王#1】IQ勝負とマリオカート縛りプレイのミックスルール対決!【6夜連続スペシャル企画】」公開
- 12　イベント「霞が関ビルディング50周年記念企画　謎解き×クイズラリー」開催
- 12　動画「顔出ししたことない人に急に顔出しさせてリアクションさせる【ふくらP】」公開
- 14　動画「【東大王リスペクト企画】東大主2nd〜天才が簡単なクイズを解いたらこうなった〜」公開

5 May
- GW　はなおさんのオフィスに初めて行く
- 5 　伊沢・ふくらP・falconで京都撮影
- 6 　動画「東大生達でネプリーグ!
- 　　ガチンコクイズ1問も間違えず10問到達なるか…?」公開
- 18　記事連載「QUIZ GYM」始動
- 19　スパルタンレース初参加
- 19　動画「爆笑www英語禁止クイズ!カタカナ語を使わずクイズ&トークで東大生が珍発言しまくったwww」公開
- 　　動画データ入りのハードディスクが壊れる

6 Jun.
- 3 　動画「【はなお】答え暗記ドッキリ!ウソ問題で東大生クイズ王がボロ負け?」公開
- 16　動画「【絶体絶命】専門家13人VSクイズ王!しかも超マニアックとんかつクイズ!果たして勝てるのか…?」公開　提供:とんかつ専門店とんQ
- 20　動画「有名中学入試の難問に東大生3人で挑む!開成と灘のプライドをかけてスピード勝負!」公開
- 23　K.Mimori、初記事公開

7 Jul.
- 2 　宮原、初記事公開
- 8 　セチ、初記事公開

河村、ふくらPが参加し、ふくらPの顔がお客さんにのみお目見え

『少年ハリウッド』のイベントチケットが入っていた

初のコラボ動画

最初の企業案件

ふくらP、初顔出し動画

鶴崎、QuizKnockの動画に初登場

過酷な自転車移動でふくらPが怒る

山本、スプロール現象でやらかす

この日から鍛錬の日々が始まる

撮影した動画が大量消滅

Mini Quiz **A.7** | 1500メートル走 　子音があると答えられるんですが……。(川上)

	13	動画「【検証】東大生3人ならクイズアプリで賞金GETできるのか!?超ガチ10問連続正解チャレンジ」公開　提供:グノシー
	14	動画「【理系ホイホイ】高学歴はじめてのおつかい!インテリ夏の大冒険スペシャル【元素をお買い物】」公開　提供:東京エレクトロン
	24	『中学1年生からの脱出（謎解き×5教科攻略）』『中学2年生からの脱出（謎解き×5教科攻略）』（学研プラス）発売
	25	動画「【世界最長のクイズ】3択かと思ったら4000択!?ガチ早押しが超頭脳ゲームになった」公開
8 Aug.	22	動画「【炎上しないで】東大生が日本一バカな大学の入試に本気で挑戦したらどうなる?【想像以上の実力】」公開
	27	『知識×ひらめき 東大発 圧倒的頭脳クイズ』（三才ブックス）発売
	28	生放送「12時間ガチクイズ生放送」配信、山本が優勝
	30	動画「【プリッとChannel】息とめ中にクイズ!肺活量と知識試しでまさかすぎる結果に…」公開 WEBサイト、月間300万PV達成
9 Sep.	7	『無敵の東大脳クイズ』（主婦の友社）発売
	12	『東大発の知識集団QuizKnock オフィシャルブック』（クラーケン）発売
	22	動画「【再炎上】東大生がバカ大学の入試に3人がかりで挑戦した結果…【火に油】」公開
10 Oct.	6	伊沢、「オールスター感謝祭」の赤坂5丁目ミニマラソンで17位に スマホクイズゲームアプリ「Q&Qアンサーズ」とコラボ 撮影後の食器洗い担当者をダーツで決定
11 Nov.	1	ハードディスクデータを誤って消去
	4	動画「【日本最高峰】ガチでクイズ番組作りました。【東大頭脳】」公開　提供:ネイチャーメイド
	9	動画「【論破】東大生クイズ王VSはなお。論破バトルをしたらどっちが勝つの?」公開
	10	動画「大喜利?クイズ?どっちか微妙なお題に答えよう【夕闇】」公開
	24	動画「絶対に正解できないクイズ番組」公開　提供:楽天スーパーポイントスクリーン
	28	こうちゃん、ワインを開けることに成功
	28	動画「【歌詞クイズ】「じふみ」が歌詞に含まれる曲は??3文字から曲名を当てられる??」公開
12 Dec.	9	動画「【早押し】東大生が『知識検定』を最速で合格トライ!【5倍速】」公開　提供:知識検定
	11	動画「【ゆきりぬ】モザイクを外すと…?」公開
	21	動画「【東大生検証】Googleの入社試験をガチで解いてみる」公開
	23	動画「【野菜嫌い】ふくらP、キャベツとレタスの違いわからない説」公開
	31	伊沢、蹴り納めのフットサルで左足首骨折 こうちゃん、山本、スマブラをやる

Mini Quiz Q.8　動物の食べ物の好みを調べる際などに行う、様々な食物を同時に出し、自由に食べさせる実験を何実験という?

QuizKnock 超詳細年表

2016 2017 2018 **2019**

1 Jan.
- 3 藤原、初記事公開
- 5 YouTube チャンネル登録者数50万人達成
- 6 1758、初記事公開
- 8 須貝、インテリトークライブ「難題」出演
- 26 「YouTuber×NHK 1億いいね!大作戦」に出演 ·········

須貝がロンブー淳さんにツッコまれる

2 Feb.
- 6 QuizKnock で「10万円でできるかな」に出演
- 8 伊沢、ハーバード・MIT を訪問
- 18 オフィス引っ越し
- 22 動画「【スマホ王】東大生ならスマホの知識も意識も高いはず」公開 `提供:ワイモバイル`

開始当初からの思い出の詰まったオフィスから旅立つ

3 Mar.
山本、クイズ大会の勉強のために QuizKnock をお休みする
- 2 高松、初記事公開
- 9 動画「【壮大ドッキリ】まさかの方法で東大生のスマホのデータ抜いてみた」公開 `提供:ノートン(シマンテック)`
- 16 QuizKnock が参加した「不思議の国のアリス展」、神戸で開幕 `以後全国で順次開催`
- 17 山上、初記事公開
- 20 伊沢、東大王チーム卒業
- 21 動画「高学歴男女で難問謎解き!リアル型脱出ゲーム【ゆきりぬ&はなお】」公開 ·········

初めての3組コラボ

- 22 動画「【東大生苦戦】履歴書を書いて心が折れたら負け!【デルガード+2C】」公開 `提供:ZEBRA`
- 23 動画「【東大入試】高学歴ガチ数学バトル!超早解き対決!【激ムズ】」公開 `提供:ネイチャーメイド`
　　　オフィスにウォーターサーバー配備

4 Apr.
- 1 伊東、初記事公開
- 2 生放送「巨人阪神戦を生観戦実況【知識がなくても】」配信 `提供:日本テレビ`
- 5 ソフロレリア、初記事公開
- 5 動画「最強の理系大学・マサチューセッツ工科大学生に東大クイズ王・伊沢が取材してみた!【学部生編】」公開
- 6 TVアニメ「ぼくたちは勉強ができない」1話放映 ·········
- 21 WEBサイトリニューアル
- 25 動画「【特報】あなたの町に QuizKnock が行きます!」公開

劇中に出てくる問題の制作と監修を担当

- 27 大型10連休に「謎解きマラソン」「(ほぼ)平成VS昭和　平成の出来事クイズ!」開催
- 30 動画「【東大王リスペクト】東大主3rd〜超天才による最強頭脳No.1決定戦〜」公開

Mini Quiz A.8 | **カフェテリア実験** 　やってることはビュッフェ。(ふく)

5 May	1	ゲーム「AstroCleaner」公開 **QuizKnock開発部が制作**
	1	「餃子フェス OSAKA 2019」に参加 …… 令和初のイベント
	1	動画『【最速】令和王〜令和知識No.1決定戦〜【即位】』公開 …… 伊沢、令和王に
	11	記事連載「ウィークリー謎解き」始動
	16	学研ステイフルとコラボした文具が発売
	29	乃木坂46のシングル『Sing Out!』発売 …… 矢久保美緒さんの個人PV監督を担当
6 Jun.	4	動画『史上最もハイテンションなクイズ番組』公開 **提供:大阪王将**
	5	動画『協力しないと解けない脱出ゲームに東大生が挑戦した結果……』公開 **提供:楽天スーパーポイントスクリーン**
	中旬	『【ファンでもむずかしい?】QuizKnock検定!』開催
	22	河村「世界ふしぎ発見!」出演
	22	動画『【キズナアイ】東大生がスーパーAIにホラードッキリ』公開 …… キズナアイとコラボ
	29	森川、初記事公開
	12	SmartNewsとQuizKnockの連携が始まる
7 Jul.	8	縄手、初記事公開
	9	山本とこうちゃん、2人でカラオケに行く
	10	NewGameTVにてボードゲームを共同開発 …… テーマはスポンサー・デカビタCのブランドメッセージ「全力!」
	11	青松、初記事公開
	12	「グノシーQ」とのコラボ番組「QuizKnocQ」スタート
	13	孝橋、初記事公開
	15	Y、初記事公開
	18	須貝駿貴 著『QuizKnock Lab』(KADOKAWA)発売
	26	動画『乃木坂46メンバーとクイズ対決』公開 **提供:東宝映像事業部**
8 Aug.	17	動画『【はなお】正解率100%を目指せ!超簡単クイズが波乱にww』公開 …… チームはなおと合宿
	19	QuizKnockチームで「Qさま!!」出場、見事優勝
	25	動画『【夕闇】1回解いた事あるクイズvsクイズ王!【コラボ】』公開
	31	生放送「12時間ガチクイズ生放送2019」配信、宮原が優勝
		ゲーム「限界しりとりMobile」公開 **QuizKnock開発部が制作**

Mini Quiz Q.9 漢字で「粃」。何と読む? 答えは40ページ

外側から見た QuizKnock

アイドル
乃木坂46 **高山一実**

千葉県南房総市出身。2011年、乃木坂46の1期生オーディションに合格。以来、1期生メンバーとして活動。アイドル活動のほか、司会、小説執筆などでもマルチに活躍中。小説デビュー作『トラペジウム』(KADOKAWA) は20万部を突破。
©乃木坂46LLC

01　QuizKnockを知ったきっかけは何ですか？ また、それはいつ頃のことでしょうか？

立ち上げ当初から拝見しておりました。はっきりとしたきっかけは覚えていないのですが、おそらく伊沢さんのSNSで知ったと思います！
記事が更新されるたびに「また面白い見出しだ」と毎回わくわくしながら読ませていただいてました♪

02　QuizKnockの好きなところや注目しているポイントを教えてください。

YouTubeでのみなさんの空気感、好きです。笑
自己紹介も好きですし、何気ない掛け合いもツボです。

03　イチオシのQuizKnockの動画・記事・企画は何ですか？

記事
- 謎解き系
- 常識Knock

YouTube
- 東大王
- USAゲーム
- インテリナンジャモンジャ
- 朝からそれ正解

04　QuizKnockメンバーにメッセージや今後期待したいことがございましたらお願いいたします。

ファンブックの発売、おめでとうございます!!　アメイジング＼(^v^)／
私ごとですが、地方のホテルに泊まるときは必ずYouTubeでQuizKnockさんの動画を見ています！
1人部屋が心細くても、みなさんを見ていると恐怖心が吹き飛ぶのです＾＾
知識だけではなく、元気や笑いも提起していただきありがとうございます♪
そして山森さん、過去に乃木坂の記事を書いてくださりありがとうございました！
嬉しかったです！　いつか一緒にイベント等ができたらいいなぁ……＾＾
いちファンとして、これからもみなさんのご活躍楽しみにしています！

QuizKnock - Urakata wa mita!

裏方は見た！

目撃者
エンジニア
F

QuizKnockを支える裏方たちが、近くにいるからこそわかるメンバーの知られざる生態を公開!!　エンジニアF氏が見た、ふくらPと山本祥彰の姿とは!?

ふくらP を見た！ ## 独特すぎるお弁当のシェア

ある日、伊沢がテレビの収録で余ったお弁当を持って帰ってきてくれたことがあって。ふくらが「ちょっとお腹が空いたけど半分くらいでいいなぁ」って言うから、「余った分食べるよ」と言ったら、メインのおかずだけ綺麗に食べて、サラダとひじきの和え物だけが残った弁当をパスされました。

山本祥彰 を見た！ ## 目を輝かせながらプレイを監視

山本が「スーパーマリオメーカー2」の実況動画にハマっていた時期があって、とてもプレイ欲が高まっていたんだけど、彼はSwitchを持っていなかった。だから「半額出してくれるなら買うよ」って言ったら即決で、買った後にステージを作って僕に遊ばせてくれたんですよ。そのステージがめちゃくちゃ難しかったんですけど、目を輝かせながらプレイしているところを見ているのでこれは最後までやるしかないなと。クリアするまで1時間くらいかかりました。

039

QuizKnock 写真ギャラリー

Mini Quiz **A.9** | キロメートル 「米」にメートルという意味があるんですね〜。漢字1文字しりとりをやる方はぜひ覚えたい。（こう）

Mini Quiz **Q.10** 世界最高峰の「エベレスト」を命名した、当時のインド測量局長官は誰?

042 | Mini Quiz **A.10** | アンドリュー・ウォー 「うぉー」と答えて正解になる珍しい例。（山本）

Mini Quiz **Q.11** 「ジャコウナデシコ」や「オランダセキチク」といった別名がある、母の日に贈る花は何？

| Mini Quiz **A.11** | カーネーション | 英語が使えないときでも伝えられますね。(川上) |

Mini Quiz **Q.12** アフガニスタンの国技でもある、ヤギをボールとして使う競技は？

045

046　Mini Quiz **A.12** ｜ ブズカシ　　ブズカシをする人がチョパンダース。（ふく）

Mini Quiz **Q.13** 組織を「強み」「弱み」「機会」「脅威」の4つの軸から評価する手法のことを、それぞれを英語で言った時の頭文字から何という？

047

Mini Quiz **A.13** | SWOT分析 — 我々の元号会議は意識が高いので、この手法を用いて行いました。(こう)

Mini Quiz **Q.14**　太陽系で、5番目に大きい衛星は何？　　答えは54ページ　　049

外側から見た QuizKnock

前職 ぼくのりりっくのぼうよみ
たなか

2015年、高校在学中に「ぼくのりりっくのぼうよみ」としてメジャーデビュー。文学性の高いリリックが各方面から注目を集める。現在はアーティスト活動に終止符を打ち、たなかに改名。俳優などの活動を行う。

01　QuizKnockを知ったきっかけは何ですか？また、それはいつ頃のことでしょうか？

去年（2018年）のクリスマスイブ、まだぼくりりをやっていた頃にYouTubeのおすすめ動画に出てきてどハマりしてしまいました。クリスマスに配信する曲の締め切りに追われていた時で、時間やばいのに見るのをやめられなかったのが印象的ですね。

02　QuizKnockの好きなところや注目しているポイントを教えてください。

なんか愛があっていいなあーというのと、メンバーの皆さんがそれぞれエッジが効いているというか、個性的で非常に見てて楽しいですね。

03　イチオシのQuizKnockの動画・記事・企画は何ですか？

ふくらPさんが野菜のクイズやるやつですね。かわいすぎる……。

04　QuizKnockメンバーにメッセージや今後期待したいことがございましたらお願いいたします。

今後もたくさん楽しくクイズをやっていってください!!!!

QuizKnock - Urakata wa mita!

裏方は見た!

QuizKnockを支える裏方たちが、近くにいるからこそわかるメンバーの知られざる生態を公開!! 動画編集K氏が見た、山森彩加とこうちゃんの姿とは!?

目撃者
動画編集 K

山森彩加を見た! ご機嫌だとオフィスでダンス

普段の山森さんは、ウェブに掲載される記事の編集をバリバリとこなす姿がカッコイイのですが、「ライブのチケットが当たった!」「明日久しぶりの友達に会える!」などの幸せイベントが起こると、いつも鼻歌で某坂道系アイドルの曲を歌っています。さらにご機嫌だと、スキップでオフィスを移動しますし、なんなら踊っていることもあります。そんな山森さんを見ているとこっちまで元気が出てきます。

こうちゃんを見た! 実は兄貴分的な存在!?

動画出演メンバーの中では最年少のこうちゃん。動画のなかでは「かわいい後輩」ポジションな彼ですが、オフィスに仲のいい後輩が来るようなことがあると「最近調子どう?」と面倒見のよい先輩モードに。動画とのギャップが少し面白いです(笑)。

COLUMN

株式会社QuizKnockと「楽しいから始まる学び」

伊沢拓司

2019年4月、QuizKnockは「株式会社Quiz-Knock」を立ち上げました。これまで会社として進めてこなかったQuizKnockというサービス群を会社化した一番の理由は、「覚悟」です。

僕を含めQuizKnockに関わっている人たちが、いよいよ「QuizKnockという組織やサービスを永続的に続けていくぞ」「常に存続・拡大を目指すぞ」ということを社会的に誓う……そのために株式会社化を選びました。僕自身これ以降はテレビ出演などもすべて「QuizKnockの伊沢」としての活動だと考えていますし、所属する皆も会社の一員として社会に参画していく意識を改めることになりました（「楽しくやる」ことはこれと矛盾しません）。これはまさに、QuizKnockと自分たち自身に対しての「覚悟」だと言えるでしょう。

この決心の背景には、なによりもまず「継続に対しての自信」がありました。コンテンツのクオリティ、社会的な認知度、収益化の可能性……いろいろなファクターを総合して「自信」となるわけですが、こと継続という観点について言えば、もっとも自信を支えてくれたのが「QuizKnockのコンセプトが定まった」こと。そのコンセプトが「楽しいから始まる学び」なのです。

僕はQuizKnockを紹介するときに必ずこう言います。「QuizKnockは『楽しいから始まる学び』で社会をつなぎ合わせる組織だ」と。

では、「楽しいから始まる学び」とはなにか。それをご説明しましょう。

ここからは、僕がよく講演会で用いる図を見ながら読んでください。この図にあるように、「知る」と「楽しい」はループします。この「知る」と「楽しい」のループをさらに説明するために、ここでは「好きなアイドルグループ」を例にとってみましょう。

たまたま見たテレビ番組や友達のおすすめ、YouTubeのサジェストであなたがそのアイドルを知ったとします。「なんとなく知ったけど、けっこういいじゃん！」となったら、そのアイドルについてさらに知りたくなります。曲を検索し、メンバーについて調べ、応援する同志を探す。どんどん知識が深まり、

ますます楽しくなり、そしてそのたびにさらに知りたい欲求が湧いてきます。こんな風にして「知る」と「楽しい」が好循環を生み、どんどん知識が深まっていく。QuizKnockに興味を持った人たちをこのようなループのなかにどんどん巻き込んでいくのが、我々のひとつの理想です。

しかし、そううまくはいかないのが世の常です。このループ構造の難しさは、必ずこのループに「知る」の方から入らなければならないという点にあります。当然ながら、そのアイドルをまったく知らない状態では「楽しい」「楽しくない」以前の問題です。まずはそのアイドルを認知するきっかけがないといけないのです。しかし、「知る」ためのきっかけを作るのは、意外と骨が折れる作業で……。自分から新しい情報を摂取しにいくのはなかなか疲れますよね。好きなものならまだしも、さして興味のない学問や本についてならなおさらです。「おお、知ったら意外と楽しいじゃん」という体験を経てもなお、別の分野にバンバン応用していくメンタリティにはなれない、という経験に覚えのある方は多いでしょう。

だからこそ、我々QuizKnockはその「知る」の第一歩を作りたい、背中を押していきたいと考えています。動画で我々が楽しんでいる様子を見て、WEB記事で点数を競い合って、テレビやラジオを通してコンテンツに触れて……QuizKnockのコンテンツをただ「楽しい」と思って見てもらっているうちに、一歩目の「知る」を達成できている。すなわち、気づいたときには「知る」からではなく「楽しい」の段階からスタートできている。これこそが

「楽しいから始まる学び」です。

ですから、QuizKnockの理念が実現された先には、「見てくださるみなさんが、自然とこのループ構造を回すことができる」社会があります。僕たちはあくまで一歩目の背中を押すだけ。そしてあわよくば、その一歩目の後に広がる世界の美しさを知ってもらい、自然と一歩目が出るような文化を作っていきたい。そうすれば、誰もがより多くのことを楽しみながら、知識・知恵を蓄積していくことのできる豊かな社会を作っていくことができるはず。

つまり、僕たちのコンテンツはエンターテインメントであり、同時に学びでもあるのです。

この理念が出来上がったとき、僕は「こういう社会を作っていくためになら人生を捧げてみてもいい」と思いました。会社がどのような状態にあっても、この理念に立ち返ればやるべきことが見えてくる。いつだって仕事を継続することができる。この言葉こそが、継続への自信を生んでくれたのです。

一層の拡大と成熟により、株式会社Quiz-Knockはこれからもいろいろなチャレンジをしていきます。うまくいくことも、うまくいかないこともあるでしょう。それでも我々は「楽しいから始まる学び」を第一に考え、それを継続させていきます。社会のため、自分たちのため、そしてなにより応援してくださるみなさんのため、改善への努力を忘れない組織にしていきたいと思います。

伊沢拓司&ふくらPの 平成全動画 振り返り 2017-2019

伊沢拓司とふくらPがQuizKnockのYouTubeチャンネルで平成に公開された全動画(生放送のアーカイブやシリーズものの一部など除く)を振り返り！ リストとともに動画をチェックすると、さらに細部が楽しめるかも!?

2017.4.16
【頭脳王・東大王・高校生クイズ】クイズ王伊沢拓司、YouTube始めました
伊：「いるの？」って思ったけど、これがYouTubeの常識だと後で知った。ふ：最初のは検索から入ってきてもらうしかなかったから絶対必要だった。

2017.4.16
【激ムズ】クイズ王が色あてクイズに挑戦してみた！
伊：この頃は、記事で人気のクイズに挑戦していた。ひとりなので「何問できるか」「視聴者さんは超えられるか」みたいなことしかできなかった。

2017.4.23
【簡単？】クイズ王が髪型あてクイズに挑戦してみた！オマケ付き
伊：同じく記事で人気のクイズに挑戦。ふ：初めての（プチ）ドッキリ。

2017.4.29
【東大王リスペクト企画】東大主〜超簡単な問題だけのNo.1決定戦〜
伊：この動画をこんなに初期に出せたのがすごい。「らしさ」を出せたし、急上昇ランクにも入った代表作。ふ：編集にかかった日数はいまだに1位かも。

2017.5.8
【高校生必見！】東大生クイズ王・伊沢が勉強の進め方を語ってみた
伊：勉強法の動画は我々の名刺のようなもの。やりたいこととは違ったが、とはいえ大事な作品。ふ：勉強法シリーズの先駆け。やってよかったと思う。

2017.5.14
伊沢先生の初耳学…ではなくイザ耳学
伊：現在では本家に出演しているためやっていないが、視聴者さんと一緒に進んでいける企画。ふ：人気企画の1本目！またやりたいね。

2017.5.15
東大主の未放送シーン集
伊：NG集。こっちも好き。ふ：どうしても見せたくてNGシーンを公開するという発想に。でもこっちの方が笑えるかも。

2017.5.16
[祝]伊沢拓司誕生日！[サプライズ]
伊：何やったか忘れてたわ。早押しクイズじゃん。今の「王」シリーズに通じるものがある。ふ：川上がしれっと初登場。

2017.5.20
超盛り上がる！しりとりを超越したバトル「限界しりとり」大会！
伊：WEBの人気企画。動画でやっても伝わるし、これを手札として持ってたのは良かった。ふ：限界しりとりも動画はここが最初か……懐かしすぎる。

2017.5.22
超盛り上がる！限界しりとり第2戦！東大の文系理系でガチしりとり対戦！
ふ：まだ名前が覚えられてない河村・川上を文系理系と言い換えたやつ。

2017.5.24
超盛り上がる！限界しりとり決勝戦！東大No.1はどっちだ！？
伊：しかし当時から意外と投稿頻度高いな。驚いた。ふ：伊沢やっぱしりとり強いんだなと知らしめた動画。

2017.5.26
高校生へアドバイス！高校生クイズ優勝・開成高校OB田村正資と対談
伊：懐かしい。当時は語る系多かったなぁ。まあ企画考えるの大変だったしね。ふ：トークにしては編集に時間かけた気がする。

2017.5.28
【一般正解率50%！？】クイズ王がロゴ当てクイズに挑戦してみた！！
伊：当時は「記事と連動することで相乗効果を」という企画が多かった。ふ：後にリバイバルされることになる。いいフォーマットだったかも。

2017.6.4 / 6.6
ここがサイテーな都道府県はどこ？クイズ
伊：高橋登場。「ウチの県が！」みたいなコメントが多くて嬉しかった。ふ：ちょうど都道府県スペシャルだった「東大王」の裏を行く企画。

2017.6.7 / 6.11
【受験生必見】現役東大生が国数英の勉強法を語る
伊：押しつけないスタンスを確立した人気動画。ふ：質問する側もいかにみんなが知りたいことを引き出せるかに頭を悩ませた記憶。

Mini Quiz A.14 | 月 | 月って大きいんですね。（山本）

2017.6.8
国産初ハンドスピナー「ハンドスピにゃー」×「クイズ」！
伊：初の案件（風）。実は自主的に宣伝してます。当時ハンドスピナー流行ってたなぁ。ふ：タイムレースというスタイルを初めてお披露目。

2017.6.16
漢検王VSクイズ王！漢字＆クイズ・ミックスルール対決！！（前編）
伊：小林の演者力に助けられた1本。難読漢字オセロのおかげで今はもうちょい読めるぞ。ふ：編集が大変だった。企画者・河村のいい面が出てる。

2017.6.20
漢検王VSクイズ王！漢字＆クイズ・ミックスルール対決！！（後編）
伊：この動画も小林がすばらしい。普通にクイズも強いし面白い。

2017.6.26
裏切り者を見破れ！人狼風クイズを東大生3人でプレイ！ 前編
ふ：Twitterの30秒告知動画がめちゃくちゃ凝ってる。ルール説明のアニメーションも割と時間をかけた。

2017.7.3
【受験生必見！】東大生が英語長文の勉強のコツを教えます！
伊：英語シリーズでも特に人気の1本。割と今見てもよくできてる気がする。

2017.7.10
【受験生必見！】東大生が英語文法の勉強のコツを教えます！
伊：文法編。再生回数、バラエティものより出てるなぁ。

2017.7.16
クイズ王が電流受けながら早押しした結果wwwwww
伊：実は伊沢発案でシックスパッドも私物。初期では一番手応えあったかも。ふ：当時は「ハンデがないと伊沢とは戦えない」という空気があった。

2017.7.21
【高校3年生必見】東大生がオススメする夏休みの勉強スタイル
伊：こちらも2019年になって「おすすめ動画」に出没し始めたらしく、最近コメントが増えている。

2017.6.13
視聴者VS東大生！抜き打ちテストで記憶力検証
伊：5秒で5枚。存在すら忘れていた動画。ふ：キリンをフォークに刺したことで知られる。メンバーの個性がいい感じに出てた。

2017.6.18
伊沢拓司の「イザ耳学」！視聴者がクイズ王に挑戦！！
伊：イザ耳シリーズ。普通に知らんことが多いのでやる側は苦しかった。ふ：全問正解されるかもと思ったけど視聴者さんの方が上手だった。

2017.6.22 / 6.23
【簡単め】アハ体験あなたは出来る？東大生の頭脳でアハ動画クイズ対決！！
伊：アハの1回目。当時は演者の力が弱かったから、企画の新鮮さに頼っていた。ふ：河村が目を閉じるという珍プレイ。発想の飛躍が面白い。

2017.6.28
裏切り者を見破れ！人狼風クイズを東大生3人でプレイ！ 後編
伊：三拓と呼ばれ始めたのはこのあたりか。ふくらさんの問題作りが上手なので見てほしい。

2017.7.7
東大生3人が新感覚しりとりでガチバトルしてみた。
伊：シャトルランしりとり。出た単語を裏でふくらさんがメモってるんだけどマジで大変だった記憶。ふ：振り返ると第1回って意外と多くて懐かしい！

2017.7.12
【テレビの裏側】ピラミッドダービーの百人一首編
伊：そうか、「ピラミッド・ダービー」に出たのか。ずいぶん前だ。相手の女の子がいい子でした。

2017.7.17
【高校1・2年生必見】東大生がオススメする夏休みの勉強スタイル
伊：2019年になって「おすすめ動画」に出没し始めたらしく、コメントが増えている。『勉強大全』も読もう。

2017.7.23
【限界しりとり】クイズ王VS漢検一級25回合格【東大対決】
伊：小林もの。QuizKnockの基準値よりはるかに高いレベルの単語が飛び交う。ふ：小林のコメントのキレもよく、限界しりとりの中でも好きな回。

2017.6.15
Qさま!!の感想・裏話と高校生へアドバイス
伊：「Qさま!!」高校生大会に向けて。本数確保に必死だった。ふ：当時はテレビに出るたびにカメラ回しててね。今は出演本数増えてできないけど。

2017.6.19
【受験生必見！】東大生クイズ王が教える「勉強のやる気」を上げる方法。
伊：「やる気が出ない」という質問が多く来ていた時期。人気動画になった。ふ：勉強法シリーズ。サムネのインパクトが好き。

2017.6.25
ナナマルサンバツ祝アニメ化！解説動画#1 ナナマルサンバツとは？
伊：さんざん便乗して動画上げることに。杉基イクラ先生には感謝してもしきれない。ふ：みんなアニメ化前から読んでたしやるしかないって感じ。

2017.6.30
【謝罪動画】東大生クイズ王が警察に行きました【爆弾所持容疑】
伊：伊沢版すべらない話。多分御茶ノ水の駅かな。ふ：あのバッグ今も使ってるので、たまに「爆弾のやつ！」って言われます（笑）

2017.7.9
YouTuberランキング！チャンネル登録者数100万人突破が早い順！
伊：日々おるたなChannelの更新を楽しみにしていた（今もしてるけど）。ふ：ようやく伊沢がYouTuberに詳しくなり始めた頃かな。

2017.7.14
缶の円周と高さ、どっちが長いか10秒でわかる？？
伊：思いついたので撮った動画。ふ：コメント欄で対案が出されたりして楽しかった。QuizKnock Labイズムがここにあるかもしれない。

2017.7.19
【記念動画】東大生クイズ王なら長期記憶めちゃくちゃデキるはず
伊：できなかった。まだ50本なのか。ふ：実はけっこう好き。50本見てた人からしたら面白いと思う。

2017.7.24
【受験生必見！】失敗しない、入試過去問の取り組み方
伊：僕の受験論の根幹をなすのが過去問との向き合い方。この動画は大事。

Mini Quiz Q.15　英語の「ベースボール」を初めて「野球」と訳した人物は誰？

2017.7.26
【謎解き動画】この動画どこが2万人記念なの？！謎解き
伊：ふくらさんが初めて解答者に。強さを見せつけた。ふ：手と声だけの出演。リアクションをとるのが難しかった。

2017.7.28
【現代文対策にも】文章力とセンスで見破れ！ニセ文豪クイズ
伊：河村さんの作文力と、僕の見え方が同居して他では出せない動画に。ふ：編集もかなり苦労した。その分ファンの多い動画になったかなと。

2017.7.30
クイズ王が絶対勝てる消しゴムバトル考えた。消しパト？消しペン？消しピン？
伊：河村企画初期、良くできている。「絵変わりがほしい」というコンセプトだったような。ふ：天井にカメラつけたのってもしかして初かな。

2017.7.31
【受験生必見】文系理系どっちに進むべき？選択基準を徹底討論
伊：これも多く出ていた質問。理転も文転もいるQuizKnockの良いところが出た。

2017.8.2
視聴者からのクイズに東大生クイズ王が答える！イザ耳学3
伊：このあたりから正誤がどうでもよくなる。第1回と比べると喋れるようになってきた。

2017.8.4
答えがわかっても答えられない！？変則3択クイズ！
伊：ルール難しい系。このあたりから「お手軽に撮れる」ことも視野に入れだす。ふ：3択に3択をプレイしてもらうために考え出したルール。

2017.8.6
芸能人クイズとTwitterクイズがミックス！1問600万点？
伊：鈴木を呼んで何やろうかとなったとき、共通得意ジャンルが芸能だった。ふ：ポイントがバグる企画でかなり好き。出演者として参加したかった。

2017.8.7
【受験生必見】リスニングの勉強法を実体験を交えて東大生が語ります。
伊：リスニング第3弾。これもメールが多かったテーマ。

2017.8.9
東大生の最強プレゼントとは？プロデューサーに誕生日ドッキリ
伊：ふくらさん狙いは初？前日夜中3時にドンキに走って買った思い出。ふ：まさかのドッキリにかけられた。さすがにドッキリとは疑わなかったね。

2017.8.10
東大生クイズ王が「暗記」のポイントを解説します。
伊：クイズ王と言えば暗記。サムネの凝りに注目。後の『勉強大全』に向けて良い理論化ができた。

2017.8.13
【限界しりとり】東大王の大将2人でガチンコ頭脳ゲーム対決！
伊：鈴木と。この頃はゲストが来たらひとまず限界しりとりだった。当たり企画を何度もやるのはYouTubeの鉄則。

2017.8.15 / 8.16 / 8.17 / 8.18 / 8.19
東大生より早く解けますか？IQひらめき謎解き！
伊：連続企画をサクッとがテーマ。この頃も戦略的にやれていていいね。ふ：サクッと見られる動画も今後作っていったほうがいいのかな。

2017.8.20
【記念動画】東大生クイズ王は一度見たクイズすべて覚えているのか！？
伊：山森さんを採用したりライター増やしたりと組織化を始めた頃だった。ふ：記事連動を意識した動画。QuizKnockにはWEBもあると伝えたくて。

2017.8.21
クイズの始め方とは？クイズ王が語る！
ふ：クイズ人口を増やすために動画を制作。何のおかげか定かではないけど2019年はかなりクイズ始めた人が多かったみたい。

2017.8.23
東大生が小学生の宿題やったら頭良すぎてついていけない件
伊：初期の大人気作。オーストラリアより先なのか。あと若い。夏の服着てると特に思う。ふ：割と大喜利寄りな絵日記企画。

2017.8.25
【たべっ子どうぶつゲーム】東大生で新感覚ゲームやってみた！ある意味頭脳戦!?
伊：ギンビスさんとのお仕事がきっかけ。営業宣伝資料用。ふ：今でいうガチャみたいな感じ。即興でうんちくが多数出るのは視聴者として好き。

2017.8.27
【24時間TVリスペクト】世界一短い？2.4秒クイズ
伊：ガチの早押しをどう見せるかの試行錯誤の最初の回。ふ：確かリクエストいただいた企画。放送日に合わせ作問、収録、編集とがんばった。

2017.8.28
【中高生必見！】学校や塾で効果的な「質問の仕方」を東大生が教えます！
伊：当時はメールで質問がたくさん来ていて、動画の最後に質問コーナーもあったからそれ用に撮ったような。伸びなかった。

2017.8.30
QuizKnock誕生秘話を主婦の友社のインタビューで語ってきたらしい。
伊：仕事で喋ったのでついでに、という動画。

2017.9.1
頭脳No.1を決めるクイズの世界大会があるらしい
伊：World Quizzing Championshipsさんから協賛をいただいて撮影。ふ：独特な問題文の早押し企画。川上の「日本2位と!?」が巧い。

2017.9.3
東大生が日本地図を見ないで描いたら凄すぎワロタwww
伊：すげえ企画だ。「東大王」の国名すごろくに影響されたのかな。ふ：国名すごろくだね。東大生の力を単純に試したかったというのもある。

2017.9.4
【受験生必見】秋の勉強の心構えを東大生が教えます！！
伊：この頃から勉強動画より企画もののほうが人気に。

2017.9.6
1分間で何個うんちく言える？即興雑学力！
伊：千円札は返した。当時「ハナタカ！優越館」がやってたからその需要も見込みつつ。ふ：河村の発案で千円札を入れたりハズレを入れたり。

2017.9.8
東大生より早く解けますか？超難問あるなしクイズ！
伊：あるなしの基本が詰まったシリーズ。夏の5連続謎解きの延長線上。

Mini Quiz A.15 ｜ 中馬庚（ちゅうまんかなえ）　　伊沢さんには関わりが深い問題ですね。(J上)

2017.9.10
東大生より早く解けますか？超難問あるなしクイズ3連発！
伊：「わかったのに答えられない」画が撮りたくて作った企画。今見返しても面白い。

2017.9.13
専門家VSクイズ王！ガチンコでクイズ対決！【チョコレート編】
伊：明治さんとのお仕事がきっかけで撮影。営業資料として活躍。ふ：専門家と戦う夢のような企画。得点配分もいい感じになり嬉しかった。

2017.9.15
IQと頭の回転が大事！広辞苑でひらめきバトル！
伊：当時ニコ生で「たほいや」をやっていて、広辞苑の遊びはいろいろやった。ふ：あるクイズサークルで教わった企画。手軽に遊べておすすめ。

2017.9.17
視聴者からのクイズに東大生クイズ王が答える！イザ耳学4
伊：ひさびさのイザ耳。このあたりで本家の耳に入った……？

2017.9.18
【中高生必見】ノートの取り方を東大生が教えます！
伊：要望が多かったノート術。普通。

2017.9.22
56点以上は失格！生存力が試される問題にチャレンジ！！
伊：サムネを誰でも飛び込めるようにしてみたシリーズ。意外とウケる。ふ：知識ではなく知恵を見たかった企画。英語文献を漁るのが大変だった。

2017.9.24
マナー違反に気をつけて！イギリス人に嫌われるランキング
伊：同じくサムネでよそ行きシリーズ。伸びてくてビビった。ふ：「学べる」100%でも再生されないと意味がないと痛感。目指すのは「楽しく学べる」。

2017.9.25
【もはや暗号】YouTubeの字幕でも東大生クイズ王なら解読できる？
伊：口内炎のせいで、動画自体に字幕が必要なレベルの喋り方に。ふ：これもプチドッキリ？企画にオチをつけることを意識してたんだなぁ。

2017.9.29
クイズ世界大会に東大生クイズ王が挑戦してみた結果何故かヘコむ事に……
伊：World Quizzing Championshipsシリーズ2。普通に凹む。ふ：上手く編集できた気がしてて好き。飽きにくい工夫を当時なりに盛り込んでいる。

2017.10.1
【ガチ実演】カカオ豆からチョコレートを作ってもらった！
伊：明治さんシリーズ2。カカオの芳醇な香り。ふ：30分の説明を意味を損なわず10分程度にするのは相当苦労した。編集スキルは上がったはず。

2017.10.2
【中高生必見】予習と復習どっちが大事？東大生に聞いた！
伊：これも伊沢勉強トークの根幹をなすもの。『勉強大全』の肥やしに。

2017.10.4
【もはやコント】東大生が「頭が良くなる最強のお菓子」をガチ紹介で商品化！？
伊：大好きな動画。前日遅くまでスライドを練っていたため眠かった記憶。ふ：カンブリアモンスターが気持ち悪くて編集がしんどかった。

2017.10.6
【ギネス級！？】世界一速いしりとりに東大生が挑戦！！
伊：シャトルラン2回目。しりとりをやれば伸びてた。しりとりYouTuberと呼ばれていた。ふ：いつも「次は何のしりとりしようか」って考えてた気がする。

2017.10.8
あなたの名字もあるかも！超盛り上がる名字ランキングゲーム！
伊：早押しボタンを使わず身近なテーマで知力ゲームをやることは常に大事にしている。ふ：想像してたより再生してもらえてびっくりした動画。

2017.10.9
【無茶ブリ】東大生なら南米の地図も描けるっしょ【ムズすぎ】
伊：日本地図が伸びたのでやってみたけど無理だった。ふ：南米が12個ってことだけは覚えた。

2017.10.11
近畿小子って？中国表記からアーティストを当てろ！
伊：今でもコメントが付く動画。みんなが知ってるものほど、早く押して正解したい。ふ：中国語って日本人からしたらちょうどパズルっぽくて好き。

2017.10.13
アイドルとプログラミング言語見分けつかない説を検証してみた！
伊：「クイズが単純でも、ワイワイしなきゃ」という考え方と、川上との連動が身についてきた時期。ふ：クイズ作ってるときが一番楽しいかも（笑）。

2017.10.15
アンケートで50%-50%になる質問を考えてみた！
伊：我々の定番のひとつ、Twitterアンケートクイズの第1弾。ふ：Twitterも紹介したくて企画したやつかな。意外と50%-50%にするのって難しい。

2017.10.16
模試の復習方法を東大生が語る！模試を100%利用する3つの方法
伊：これも復習シリーズ。『勉強大全』の肥やし。

2017.10.18
東大生から四国がオーストラリアになっていたら気づかない説
伊：初期の代表作であり、ふくらさんの計算・準備が活きた大名作。ふ：今見たらもっと編集こうしたいなってのはあるけどね（笑）。

2017.10.20
あなたの美的センスが分かる！？美的センス検定
伊：記事連動もの。今の実力なら3倍は盛り上げられるので演者のパワー不足感もある。ふ：0個、みたいなことをやるのが好きなんだろうな。

2017.10.23
【顕微鏡】千円札に隠された秘密のメッセージを全力で探してみた
伊：手札を増やそうと必死だった。この後、須貝さんが加入して本格的に実験方面にも。ふ：次に顕微鏡を使うとしたら何しようかな……。

2017.10.25
タニタの健康小径で足つぼ激痛クイズ！【地獄ロード】
伊：タニタのヘルロードがバズっていたので企画を考えてGO。YouTuberに優しい会社だった。ふ：僕もちょっとやった。痛すぎて無理だったけど。

2017.10.27
暇つぶしにもバトルにも！斬新なゲーム「アポロしりとり」
伊：共闘スタイルとトークがうまくハマり、満足の1本。ふ：日本語ってやっぱり面白いなぁ。今でも暇つぶしに遊んだりする。

Mini Quiz Q.16 六波羅探題が設置されるきっかけとなった、後鳥羽上皇が鎌倉幕府を打倒しようとするも鎮圧された事件を何という？

2017.10.29

【ハロウィン】手触りで自分の仮装はなんだろなゲーム【変身マスク】

伊：これも個人的には好き。伸びてないけど。ふ：自分で着てて自分でわからないってのが面白いよね。問題選びも割と工夫した。

2017.11.5

歌詞3文字だけで曲のタイトル当てクイズ！

伊：我々のコンセプトのひとつ「見ている人と一緒に競う」がかなり達成できた。ふ：出題用に動画を編集するっていうのも当時は少なかったはず。

2017.11.10

twitterでフォロワーを一番騙せた人が勝ち！【ひっかけ力】

伊：Twitterアンケート第2弾。ふ：ヒカキンさんを意識してサムネを漢字一文字にしたんだけど、今考えたら「す」くらい入れればよかった。

2017.11.17

【4倍速センター試験】東大生がオードリー春日の記録に2時間で挑戦！

伊：ふくらさんの企画術「数字を大きくする」がハマった名作。ふ：勉強集中用の耐久動画を出したかったのもあってちょうどいい企画だった。

2017.11.23

目隠しでスマホ入力難しすぎwwwクイズ1分間タイムショック！

伊：みんなで参加できる企画。ウェンブリー夢。ふ：「目をつぶってきゃりーぱみゅぱみゅっと打つ」みたいなハッシュタグが流行ってた頃だっけ。

2017.11.29

レベルMAX脳トレ・メイク10パズル厳選難問に東大生が挑戦！

伊：このあたりから川上の算数強いキャラが形成されていく。ふ：パズル好きだからこういうパズルの動画を作っちゃった。

2017.12.6 / 12.7

【ドクターX!?】医師国家試験でも一番カンタンな問題なら解ける？

伊：これのヒットが、難しい検定へのチャレンジなどにつながっていく。ふ：ナレーション録ったなぁ。あと問題を外注するのも初めてかも。

2017.12.14

時代推理ボードゲーム！東大生でやったらどうなる？【ボドゲ実況】

伊：ボードゲーム「タイムライン」の実況。ふ：この頃からボードゲームを知る度にメンバーでやったらどうなるかを考えるようになった。

2017.11.1

クイズ王、居場所あてゲーム強すぎ!?【geoguessr実況】

伊：人気のgeoguessrシリーズ第1弾。地理の知識などを動員して無人島から脱出！ みたいなものをお手軽にできてYouTube向きだった。

2017.11.6

【文系ホイホイ】年号ニアピンゲーム！東大生の歴史力はどれほど？

伊：ホワイトボード企画を考えようシリーズ。的中に一番驚いていたのは川上本人。ふ：歴史を勉強してる人は真似してほしいゲーム。

2017.11.12

『東大王』ならぬ『灯台王』!？東大生が灯台のクイズでバトルしてみた

伊：王シリーズ本格化第1弾。ここまで引っぱられるとは。ふ：得点が変な数字系。「灯台で10問も作れるのか？」と思ってたけど意外といけた。

2017.11.18

視聴者からのクイズに東大生クイズ王が答える！イザ耳学5

伊：この頃からTBSさんから仕事をもらいすぎてイザ耳をやりづらくなる。

2017.11.24

朝からそれ正解！東大生3人はどんな答えを出すのか？

伊：須貝さんデビュー作。この時点で「大人数での朝からそれ正解」は考えていた。ふ：陸羯南とかが出ると東大生でやる意味があるっていうね。

2017.12.1

Qさま作った人とQさま風クイズ対決！ユーチューバーは流行語2017？

伊：日高さんコラボ。無難に収まった。ふ：「Qさま!!」といえばプレッシャーSTUDYの世代だから、そっちのフォーマットでやってみました。

2017.12.9

東大生クイズ王なら名探偵コナンのダイイングメッセージ即解ける？

伊：コナン大好きふくらさんらしい企画。まあクイズだよね、という。サムネの気合！ ふ：この企画のために1巻から70巻まで読み直した。

2017.12.16

東大心理学卒ならクイズ王をボコボコにできんじゃね？【心理戦3カード戦争】

伊：桜雪さんコラボ。マンガ『天』を思い出していたらボロ負け。なんで？ ふ：伊沢が弱すぎて好き。

2017.11.3 / 2018.5.8 / 5.9

クイズ王、居場所あてゲーム強すぎwww【geoguessr実況】#2

ふ：地理選択ってのもあるのかもしれないけど、やっぱり伊沢はクイズ王だなぁと感じさせられる動画。

2017.11.8

【東大生検証】10分で知らない英単語を暗記できるか！？

伊：「東大生」検証シリーズは安定しているよね、ということで作られた動画。ふ：変な英単語を10個集めてくるのがめちゃくちゃ大変だった。

2017.11.15

登録者5万人記念！過去動画イントロクイズ【クイズノッククイズ】

伊：過去動画イントロはずっとやりたかった。でもまだ5万なのか。ふ：問題選びが楽しかった。見てたらわかる、みたいなシーンを切り取るのが。

2017.11.22

【全科目凝縮】東大生がセンター試験の教科別アドバイス！！適切な演習量とは？【保存版】

伊：センター試験前にいろいろやってました。網羅的。

2017.11.27

センター試験直前に落ち着くための全てのこと

伊：センター試験のの。今見ても使える。

2017.12.2

めちゃくちゃ楽しい新ゲーム！東大生が「英単語ヌメロン」で対決！

伊：この頃が一番"ゲーム作りました"っぽかった。ふ：楽しむためには英語の勉強が必須で、逆にそれがモチベーションになると嬉しいなって。

2017.12.11

【タイムスリップ対決】開成中学の入試問題に東大生クイズ王が挑戦！

伊：入試ガチ攻略第1弾。母校ローカルネタを入れた。ふ：後に人気となる中学入試シリーズの始まり。特に理科の問題が好き。

2017.12.20

東大生が小学校の教室で抜き打ちテスト!?満点取れないと……

伊：居酒屋6年4組さん提供。当時「ナナマルサンバツ」ともコラボしていたから、なはず。ふ：罰ゲームがリアクションなのは初かな？

Mini Quiz **A.16**	承久の乱	1221年。（ふく）

2017.12.22
1分間でクリスマスの雑学何個言える？スピードうんちく対決！
伊：日高さんコラボ。ロケの先輩は流石に強かった。長い関係性もうまく働いた。
ふ：お気に入り企画である1分間うんちくのリバイバル。

2017.12.28
ご長寿早押しクイズ！ガチンコ早押し対決でクイズ王無双！？
伊：YouTube検索で「早押しクイズご長寿」が上位だったのでそれに合わせた戦略的な動画。単純に伊沢が強い。

2018.1.6
広辞苑でIQひらめきクイズ！東大生ガチンコ対決！
伊：テレビでも人気だった「広辞苑の見出し語の間にある言葉」を答えるゲーム。ミラクルが起こる。こういう笑いは狙って出せないからなぁ。

2018.1.12
セカンドチャンネルはじめます。
伊：チャンネル登録10万人を目前にサブチャンを開設。ふ：当時はご飯食べるときとかずっとサブチャン回しとこうってやってた。

2018.1.17
メントスとコーラよりメントスコーラになる方法はあるのか？東大生大実験
伊：YouTuberの関連動画に上がるのを狙った作品。これを見たゆきりぬさんから後にコラボのお誘いが。ふ：とにかく片づけが大変だった。

2018.1.24
東大生10人で朝からそれ正解したら奇跡が起きた[#2]
伊：この収録はホントに朝8時からやってます。ちなみに、伊沢は前日「クイズサバイバー」の収録が26時まであったので喉がガラガラ。

2017.12.23
超盛り上がる！出る順英単語ランキングゲーム！最も使われる英単語は？？
伊：知識の運用を見せられる良い企画。これがWikipedia系ゲームにつながる。ふ：上手くいっててすごい。やってみるとめちゃくちゃ難しい。

2017.12.31
東大生10人で「朝からそれ正解」したら爆笑すぎwwwww[#1]
伊：ついに火を吹いた朝からシリーズ。ふ：年が明けてから公開したので、限定公開された状態で年を跨いだ動画なのだ。

2018.1.7
ニセモノを探し出してコテンパンにしてみたwww【みんはや】
伊：「みんはやの動画出してください」とよく言われるが、実は流行る前にやっていた。ふ：リクエストめっちゃ来るね（笑）。またやってもいいかな。

2018.1.14
東大生なら部首だけで四字熟語を当てられる？【四字部首語】
伊：四字部首語は名前がナイス。みんなで参加できてQuizKnockらしい動画。ふ：これも確かリクエスト。こういう企画は問題作るのが楽しい。

2018.1.19
YouTuberランキング！10万人の道のり短い順に並べよ！記念動画
伊：当時のQuizKnockは「YouTuberが好き」という視聴者さんが少なかった。新規開拓も狙っての一本。ふ：当時のほうがまめに記念を祝ってるね。

2018.1.26
【方言萌え】あなたの方言はある？方言クイズで東大対決！
伊：桜雪さんコラボ3。意外と考えて作ってるなぁ。ふ：名産を当てるクイズを方言とかけあわせる発想はなかなかすごいな（自分）。

2017.12.26
【論理的クイズ】東大生でも解けない？帽子の色当て問題！
伊：こういうチャレンジもまたやりたい。ふ：収録したもう1問は解説が難しすぎてカット。当時はわからない解説は出さないという判断だった。

2018.1.2
東大アイドルがマジ告白！本心あてクイズ！
伊：桜雪さんコラボ。米光一成さん作の「はぁって言うゲーム」を使わせていただく。ふ：8択クイズ自体もやったことなく編集が大変だった動画。

2018.1.11
東大クイズ王の頭脳はランプの魔人AIに勝てる？推理力＆知識力バトル！
伊：新年1発目の収録でテンションも低くグダったが、まさかの大人気作に。ふ：「東大生」検証シリーズが伸びることを感じさせられた動画。

2018.1.15
【両束縛しりとり】東大生のカードゲーム高速すぎる！【ワードバスケット】
伊：夏に撮影しといて出してなかった動画。撮り溜めは常に大量にある。ふ：数少ない僕の「手」参加動画。

2018.1.21
ディズニーランド誕生秘話!?東大生クイズ王へ視聴者からの挑戦状！
伊：イザ耳第6弾。ついにタイトルから初耳学要素が消える。

2018.1.29
ムズすぎるワタナベかるたに東大生3人困惑【ただの視力検査】
伊：こうちゃん初登場。この動画を最後にこうちゃんは勝ち星から遠ざかることに。ふ：編集が大変だった。「あれ、これとこれ違うの？」って。

こぼれ話 PART1
2017.4〜2018.1

伊：いやー、懐かしいね。最初は7本くらい撮りためて始めて、すぐに伊沢ひとりではキツいとなって、河村・川上が出るようになった。
ふ：何が正解かもわからなかったしね。ちなみに開設から1年くらいは全部iPhoneとiPadで撮ってる。
伊：iPhone画質良いね（笑）。今だったら出さない動画もけっこうある。テレビの裏側とかは出さないなぁ。
ふ：当時は出演数が少なかったらテレビに出る度に撮っていたけど、今はやろうとしても多すぎるし。
伊：初期は案件風の動画を撮ったり、バズを狙って「2.4秒クイズ」をやったり、YouTubeを広報ツールとして戦略的に捉えてやっている。そして、初の100万回再生を記録した「東大生でも四国がオーストラリアになっていたら気づかない説」も生まれた。あれは撮り終わった時に「勝った」と思った。
ふ：やってる時も楽しかったよね。
伊：現在の動画のベースになっているようなオリジナルゲームもたくさん作ってるけど、早押しはそんなにやっていない気がする。
ふ：特に2017年11月以降は須貝さんが動画メンバーに入ったというのもある。どうやってクイズじゃないものをやるかを考えるようになったよね。

Mini Quiz Q.17 「幼い頃から同じ環境で育った相手には恋愛感情が生まれにくい」という効果を、フィンランドの社会学者の名前から何という？

2018.1.31
国旗が踊る！？クイズ王が国旗当てで無双過ぎたwww【ピタゴラ国旗】

伊：「やれるときはやっちゃいなよ」とふくらさんから言われ、以後、全問正解に迷いがなくなった。ふ：何問わかったとかたくさんコメントもらえた。

2018.2.7
東大生3人と大喜利AIが究極の騙し合いバトル！！

伊：名言・名シーン連発の大喜利AI。なんで俺は正月実家に帰りましたみたいな服装なの？ふ：プライベートでもこの遊びしたくらいには好き。

2018.2.13
【悲惨】世界一堅いチョコレート？東大生文系理系料理対決！【バレンタイン】

伊：伊沢発案。季節モノで東大っぽいものということで義理堅いチョコに。ふ：死ぬほど塩をいれる須貝さんのgifがメンバー内で流行った。

2018.2.22
最高クイズを作るゲーム！プロのクイズ作家が考える「史上最高のクイズ」とは!?

伊：クイズ作りを見せる動画を日高さんとやれたことに意味がある。ふ：日高さんにクイズ王ではなくクイズ作家として出演してもらいたくて。

2018.2.28
小学生の俳句VS東大生！センスか頭脳か!?【お～いお茶のあれ】

伊：好きな企画だが微妙に伸びず。こうちゃんのポンコツが見え隠れしている。ふ：答えがわからなくても大喜利みたいになってるのがすごい。

2018.3.7
東大生のあだ名の付け方独特すぎwww10文字以上縛りインテリナンジャモンジャゲーム

伊：伊沢発案（アピールしていくぜ）。撮影の画角に苦労した思い出。ふ：「らしさ」も出るし、ファニーな笑いもあって、何度でも見られる良作。

2018.3.11
【限界しりとりプラス】【神回】【衝撃のラスト】【東大生】【頭脳バトル】

伊：河村さんのボケも伊沢（一太っていた時期）の動きも良く、奇跡も起こって大好きな動画。ふ：ずっと予想外な展開が連続するので好き。

2018.3.20
【今度はガチ】東大生クイズ王VSアキネイター！AIとの推理勝負！

伊：1本目にルール的な指摘が多く、ブラッシュアップした第2弾。演者としての向上を感じられたので好き。ふ：こういう動画はお題選びが難しい。

2018.2.2
超盛りあがる「珍ツイート検索ゲーム」で爆笑の結果に

伊：この動画で「きのたけでレウクトラの戦い」という他チャンネルの動画が急上昇入り。ふ：向こうは270回再生くらいだったはず。今は22万！

2018.2.9
【限界しりとり】クイズ王VSクイズ王！ハイレベルしりとりでガチンコ頭脳バトル！

伊：日高さんコラボ。実はデータが飛んで撮り直ししている。ふ：こんなに差が出るんだ、という動画。ボキャブラリーを引き出すスピードが違う。

2018.2.17
【本職】クイズ王、同時に一般人15人を倒せるか!?【手加減なし早押しクイズ】

伊：なぜか企画としてあまりやらなくなっていた早押し。僕に押し勝ってる男性は知人です。ふ：当時は「ただの早押しじゃダメだ」という先入観があった。

2018.2.23
【しりとり】女子高生AIりんなVS東大生3人！AIが知らない言葉なんてあるの？

伊：リクエストが多数寄せられていたので満を持しての対決。ふ：りんなも当時の流行。YouTuberのトレンドに一番敏感に動けていた時期かも。

2018.3.2
【永遠暇つぶし】一番有名な斉藤さんって？苗字検索ゲーム

伊：版権で答えの明確な画像が出せない難儀な動画。名字が伸びたから作った企画だったかな。振り返ると戦略的な動画がたくさんある。

2018.3.9
【ゆきりん】答え知っててもクイズ王には勝てないのか!?ハンデ戦ガチンコ早押しバトル！

伊：初のYouTuberコラボ。ふくらさん考案のハンデ戦フォーマットは以後大活躍。ふ：初の出題ミス。なんで計算ミスしてしまったのか……。

2018.3.15
クイズ初心者がクイズ王に！早押しここで分かるのかクイズ【クイズ王への道】

伊：俺が出ていない動画は初？名作で以後シリーズに。ふ：伊沢がいないので、いっそ須貝さんを出して視聴者目線のクイズというメソッド。

2018.3.20
「合格した君へ。」東大生からのメッセージ

伊：ひさびさに勉強関連。言いたいことは全て言った。ふ：やっぱり僕たちにできることはしたいね。

2018.2.4
難中学の入試問題に東大生3人が大苦戦！小学生がこれ解けるのかよ…

伊：この動画のブレイクで入試問題シリーズが定番化。そして川上のキャラ確立。ふ：準備側も川上がこんなにできるとは思ってなかった。

2018.2.10
【物理エンジン】ゲームに物理学？理系VS文系の東大対決【どうぶつタワーバトル】

伊：学びがないと思っていたが須貝さんが上手に足してくれた。初期からレベル高い。ふ：当時めちゃくちゃ流行ってたね。久しぶりにやりたい。

2018.2.18
新ゲーム！東大生がGoogle検索で頭脳バトル！【レーベンシュタイン距離ゲーム】

伊：河村さんの独自性が発揮された新ゲーム。こんなんどうがんばっても思いつかん。ふ：無駄に仰々しいネーミングが好き。

2018.2.25
【完結】東大生1●人で朝からそれ正解したら異次元すぎた【#3】

伊：朝からそれ正解の完結編。異次元の「旧作」が飛び出す、シリーズで一番好きな一本。もう美は声が出ていません。

2018.3.3
【検証】東大生が3人集まればヤフー知恵袋でベストアンサー確実説

伊：「水曜日のダウンタウン」風サムネが活きて人気動画に。ふ：タイトル思いついた時に「これはいいの出たな」と思った。予想通りのヒットで嬉しい。

2018.3.10
【説明しりとり】東大生がしりとりで芸術点とスピードを競う！【四千頭身のやつ】

伊：ふくらさんが四千頭身さんにハマっていたので出てきた企画。ふ：出すの早すぎた？まだ四千頭身さんを知ってる人が今ほど多くなかった。

2018.3.17 / 3.18
【理系ホイホイ】ガチすぎた7大学対抗戦！No.1の大学は？【元素版ちはやふる】

伊：TELさんからご依頼いただいた本格案件動画。決済の形式は全企画で5本の指に入る発想。ふ：読み札選びも編集もすべてが楽しかった。

2018.3.20
「浪人する君へ」東大生からのメッセージ

伊：こちらのほうが伸びた。須貝さんが等身大のメッセージを出しているのが良い。ふ：視聴者さんのことが教え子のように感じられるんです。

---

060 | **Mini Quiz A.17** | **ウェスターマーク効果** | 「リア王」で出題された「お非〜リア」問題としてお馴染み。（こう）

2018.3.23
Wikipediaを使った頭脳ゲームをやったら、人類が驚く結果になった
伊：こちらも名作ゲーム。驚きの結末に全員のリアクションがナチュラルなのが良い。ふ：こういうゲームすごい好き。

2018.3.25
あなたは思いつきますか？難しい漢字を連想せよ！【画数バトル】
伊：漢字ネタ。当時あまり漢字をやっていないのは山本がいなかったからな。ふ：このゲームも個人的には好き。むしろ参加したい。

2018.3.28
「ご馳走」の「走」って何？クイズ王が視聴者の問題に答えるイザ耳学7
伊：もはや存在も忘れていたイザ耳7。この頃は「あぁ、じゃあやっとく？」みたいな感じになっていた。林先生にこの動画をイジられた思い出。

2018.3.30
【消去しりとり】一度使った文字は二度と使えない！東大生が超ハードしりとり
伊：『めだかボックス』から企画作成。ネタ元が良くスムーズにできた。俺は『幽☆遊☆白書』派だけど。ふ：オチでも奇跡が起きてて良い動画に。

2018.4.1
【超楽しい】電話口で変な漢字を伝えるゲーム！【めっちゃむずい】
伊：須貝さんの出演で、企画班に知識とルールと思考力のバランスが求められていた成長の時期。ふ：クイズじゃない企画をすごい考えてたね。

2018.4.3
【クイズ人狼】あなたは見破れますか？東大生の頭脳で人狼風クイズをプレイ！
伊：人狼リクエストは多かったものの、プロにはかなわないのでひねった企画。ふ：これ、ちょうどいい問題を考えるのめっちゃ難しいんだよね。

2018.4.6
【人気企画】英語力＋推理力！東大生が英単語当てゲームすると強すぎる！【ヌメロン】
伊：「淡白すぎる」など内部で議論が巻き起こり、面白い演出・ふるまいとは何かを話し合うきっかけになった。ふ：いきなりポカをする河村が好き。

2018.4.7 / 4.9 / 4.11
【実況者VSクイズ王#1】IQ勝負とマリオカート縛りプレイのミックスルール対決！【6夜連続スペシャル企画】
伊：実況者のみなさんとコラボ。伊沢が普通にクイズに負ける。ふ：サムネをよく見ると続編を察することができるという地味なこだわり。

2018.4.12
顔出ししたことない人に急に顔出しさせてリアクションさせる【ふくらP】
伊：ついにふくらPの顔出し。伊沢企画。ふ：今となっては「顔出し当たり前じゃん（笑）」って感じだけど、当時はかなりインパクトあったみたい。

2018.4.14
【東大王リスペクト企画】東大主2nd〜天才が簡単なクイズを解いたらこうなった〜
伊：この東大主が一番好き。あと鶴崎がクイズ強い。ふ：今やってる仕事がクイズ作家なのかコント作家なのかわからなくなることがあるね。

2018.4.14
【参加無料】QuizKnock作の謎解きクイズ企画が【期間限定】
伊：三井不動産さんと開催した霞が関ビルディングの謎解きイベント動画。花粉が辛かった。ふ：動画班以外も動員した大規模な企画。

2018.4.18
【実験】高校生クイズの問題、東大生クイズ王はどう考える？
伊：僕と河村さんはテンション上がりまくっていた記憶。ふ：収録で死ぬほど笑ったことと片づけが地獄だったことしか覚えてない。

2018.4.19
東大主2nd〜未公開シーン集〜
ふ：図らずも「わい」を出すのが未公開シーン、というところまで第1回を踏襲してしまった。

2018.4.20
コナン映画なぞなぞ！東大生を黙らせる問題、あなたは解けるか？【祝・から紅の恋歌放映】
伊：コナン見てなかったからこそ活きた企画。こういう借り物はよく当たる。ふ：博士の作るなぞなぞはこれが正解だと確信するのがけっこう難しい。

2018.4.21
中国からクイズ！ついにクイズ王が海外のクイズ番組に！
伊：初の海外ロケ（自主）。中国のテレビに呼ばれたのでただでは帰ってこんぞという。ふ：アナザースカイを意識しまくってみた。

2018.4.23
【まさかの結末】うっかりさせたら勝ち！超シンプルゲームを東大生2人がプレイ！【QUARTO】
伊：わかりやすくていいボードゲーム。シンキングタイムの起伏作りに動きまくる。ふ：ふたりともうっかりさんだったためまさかの試合展開に。

2018.4.24
野外でひらめき＆クイズ！クイズ王の実力やいかに…？
伊：霞が関ビルディングを使った大規模ラリー。またやりたい。ふ：知識×ひらめきというジャンルはQuizKnockにしかできないコンテンツだと思う。

2018.4.26
【人気企画】サイテーな都道府県はどこ？ワーストクイズ【第2弾】
伊：ご当地ネタをやりたいねということで。ふ：群発地震の概念だけでも覚えて帰ってください。

2018.4.27
【事件】財布を盗まれたら、ありえないことが連続で起きた。
伊：この日は出す動画がなくて、メインで出したんだと思う。クオリティの高さ。ふ：笑って聞いてるけど、実際当事者だったら笑えないやつね。

2018.4.28
【インテリナンジャモンジャ】2回目プレイって初見プレイより弱くなるんじゃね？東大生あだ名付けゲーム！
伊：第2弾なので要素をプラスワン。鶴崎くんのキャラが出てますね。ふ：難しいインテリナンジャモンジャがさらにレベルアップしてしまう動画。

2018.5.1
【推理ゲーム】ある芸人の謎、あなたは東大生より先に解けますか？【ウミガメのスープ】
伊：YouTubeではウミガメも定番ですね。ふ：ウミガメのスープをパーティゲームではなく競技にすることにトライしてみた。

2018.5.3
クイズ王は99問連続で正解できるのか…？得点ジャンルで99問の壁【99人の壁リスペクト企画】
伊：『99人の壁』が注目されてきた中で生まれた企画。ふ：80問くらい使われないことが予想できる中でちゃんと99問を用意した河村がすごい。

2018.5.5
【理系ホイホイ】歴史を遡れ！全然前世じゃないゲーム【東大生強すぎ】
伊：これができるのはYouTuberでQuizKnockだけ。演者も毎回ギリギリです。ふ：実はゲームを先に考えてからゲーム名を考えついた。

2018.5.6
東大生達でネプリーグ！ガチンコクイズ1問も間違えず10問連達なるか…？
ふ：いろんな意味で伝説的な動画。文系勢が習ってない積分公式をその場で編み出して正解してるのか普通にすごすぎる。

Mini Quiz Q.18 　上下を区別するため、はんこの側面につけられた溝のことを何という？

2018.5.11
[はなお]語彙大富豪！東大と阪大、喋り上手はどっち？理系ワードで対決！[ワードセンス対決]
伊：はなおさんと感覚をすり合わせながらやっていた印象。ふ：伊沢とはなおさんのいいところが出てると思う。勢いでなんでも乗りこなせるふたり。

2018.5.18
[東大生すげぇ]究極の助け合いクイズ[TASUKE]クイズ王は目隠ししていても正解できるのか？
伊：代表作のひとつ。説明する側も答える側も輝ける名作。ふ：テンポがいいのと、ふたりそれぞれの凄さがよくわかる、めちゃくちゃ好きな動画。

2018.5.24
クイズ王の京都修学旅行！〜雑学クイズで旅を満喫〜
伊：計30キロくらいは移動したんじゃない？ほぼチャリで。修学旅行に行く前に見る教育的な動画用。ふ：自転車移動がマジで大変だった。

2018.5.31
[超えろパオパオチャンネル]東大生が「増殖しりとり」したら超すごい記録が出るのか？
伊：YouTubeのいいところはお互いの企画を自分ナイズして増殖していけること。ふ：大好きなパオチャンの企画をお借りしました。

2018.6.3
[はなお]答え暗記ドッキリ！ウソ問題で東大生クイズ王がボロ負け！？
伊：「企画のQuizKnock」を打ち出せた名作。コラボでこういうのできると会心。ふ：河村と練りに練りまくった企画。はなおさんにも喜んでもらえた。

2018.6.8
東大世界史勢の知識すごすぎ！ベートーヴェンの年代まで推測！ボケ実況タイムライン
伊：YouTube的には地味さが目立つゲームなので頭を相当使った記憶。ふ：年代を把握して引き出せる人たちを見るのは単純に好き。

2018.6.15
クイズ王にボタン押してもらえれば誰でもクイズ王になれる？[クイズ王への道]
伊：早押しクイズをこのようにプレイングで明快に説明できていくといいですね。ふ：この日の伊沢のプレイングは常に最高だった。

2018.6.20 / 8.16
有名中学入試の難問に東大生3人で挑む！開成と灘のプライドをかけてスピード勝負！
伊：入試シリーズは「あなたへのおすすめ」に入りやすくてナイス。ここまでくると遊びとして成立しているから、そんな感覚を追体験してもらえれば。

2018.5.12
[発想力]東大生の発想力はどれだけ？キャットアンドチョコレートで発想力勝負！
伊：これ、よく考えたら語彙大富豪に似てるな。そして語彙大富豪って語彙関係ねぇじゃん。ふ：「おもむろに」と「にわかに」の違いね。

2018.5.19
爆笑www英語禁止クイズ！カタカナ語を使わずクイズ&トークで東大生が珍発言しまくったwww
ふ：点と言わずポイントと言ったり、わざとコメディアンと言ったりと、少しでも英語を言いやすいように地味な仕掛けをたくさん仕込んだ。

2018.5.26
究極の心理クイズ！チームワークでかぶらず解答、あなたならどうする？[登録者20万人ありがとう！]
伊：好きな動画上げるならトップ5に入る。6答のクイズ作りは意外と難しかったけど、クリア難易度も含めていい感じにできてる気がするね。

2018.6.1
[マジカルきのこ]手軽で超盛り上がる！揚げ足取り早指摘ゲームを東大生達がプレイ
伊：随所に笑いが散りばめられていて動画としてもよくできている。ふ：「サグリってなんだっけ？」とか考えてるとすぐドツボにハマる。

2018.6.5
[楽しすぎる]瞬発力！早い者勝ちひらめきバトル「スプリントシャウト」休み時間に超盛り上がろう！
伊：休み時間に真似できる企画。オフラインでバズっていく流れを作りたい。ふ：これホントに手軽なのでぜひみなさんやってみてください。

2018.6.11
[悲報]東大生、説明下手すぎ…あなたはこの説明で書けますか？
伊：このイベント楽しかったなぁ。お客さんも演者さんの一部なので、引き出しが増えるのが魅力。ふ：今度はプレイ側に回ってみたい。

2018.6.16
[絶体絶命]専門家13人VSクイズ王！しかも超マニアックとんかつクイズ！果たして勝てるのか…？
伊：ガチで勝ちに行ったけど、相手が知識バリバリで……。ふ：とんかつだけで10問作るという経験はクイズ作家としてかなりの自信に。

2018.6.21
[珍プレー][トリオ神経衰弱]が難しすぎて東大生でも歯が立たなかった回弱すぎ]
伊：とても運が良かったけど、それに至るまでの河村さんの準備もさすが。ふ：なぜこんなにミラクルを起こしてしまったのか……。

2018.5.16
誕生日おめでとう！5月生まれクイズでプレゼント争奪戦！[東大生対決]
伊：誕生日とはいえQuizKnockとだあまりやることがない。ふ：5月生まれの人だけにターゲットを絞ってタイトルつけたんだっけ。

2018.5.22
[Twitterで話題に]センスが問われる「利きクイズ」！東大生3人で難易度予想ゲーム！[Twitterを話題に]
伊：Twitter投票企画も代表作のひとつ。クイズが武器だからこそ、視聴者と一緒になれる。ふ：今考えたらルールややこしすぎるなこれ（笑）。

2018.5.29
言葉じゃなく体で答えるクイズしたらカオスになったwww【やってみようクイズ】
尹：当時はまだ振り切れてないなぁ。こうちゃんが偉い。ふ：顔出ししてから体張るまでが早すぎませんか？

2018.6.2
東大生とクイズ王がガチで早押しクイズしたらどっちが勝つの？？
伊：このあたりでMCが黒といえば黒、と乗っかっていく文化ができた。ふ：既存視聴者にはネタに、新規視聴者には究極のほこたて対決に見える。

2018.6.7
[田舎VS都会]鳥取or東京？意外と間違える究極の2択クイズ！[鳥取の星・鶴崎]
伊：鶴崎フィーチャー企画。牧歌的。ふ：鳥取と東京の2択にしても悩ましい問題を作るのはけっこう大変そう。

2018.6.13
東大生が年号の語呂合わせを考えたらク七強すぎww一番覚えやすい語呂はどれ？
ふ：ワンツーツーフンの理論で全部覚えられる説ってのやろうかな。ワンシックスツースリー・アンボイナ事件、みたいな。

2018.6.18
[リベンジ]クイズ王は99問連続正解、今回こそ達成なるか！？
伊：リベンジ企画。問題余りすぎた。

2018.6.22
[保存版]東大生が語る！宿題[読書感想文]の点数を上げる方法
伊：実際の感想文を見て添削まで。ふ：読書感想文の書き方ってあんまりちゃんと教えてくれる存在がいないんですよね。

Mini Quiz **A.18** | **さぐり**　　　　　さぐりといったらはんこ。（山本）

2018.6.23
[ドッキリ]東大生クイズ王はモデルの変化に気付けるのか！？こっそり着替えて抜き打ちテスト！
- 伊：そして前フリが活きる動画。難問だったけど、心のなかでは手応えを感じていた。ふ：モデルちゃん達がノリノリでやってくれてよかった。

2018.6.24
[ブラックペアン]片っ端から答えてやるよ！クイズ王は患者を助けることができるのか！？
- 伊：地上波では最後にハマったドラマかも。ふ：どんな設定にもクイズをくっつけることはできるのか？ クイズという概念に無限の可能性を感じる。

2018.6.25
[緊急]フリーメイソンの暗号を東大クイズ王達がガチ解読挑戦！
- 伊：デマだったけど、思考の風呂敷をバラバラに広げていく中で知識を共有できるのは楽しい。ふ：解いててすごい楽しかったしワクワクした。

2018.6.26
第1回石油王～石油の知識No.1決定戦～
- 伊：純粋早押し系にどうやって笑いを足すかを模索していた時期。服装のボケとかは好き。ふ：過去最高得点。

2018.6.27
[学名寿司]大将！トラシュルス・ジャポニカスひとつ！クイズ王が生物学の正式名称で注文してみる
- 伊：これはよくできていた。出た技は必ず受け切るプロレス精神がないとこうはならない。ふ：ハズレを考えるのめっちゃ楽しかった（部外者）。

2018.6.29
「し」から始まる首都、クイズ王より早くひらめくことが出来る！？[指スマ]
- 伊：なぜ指スマなのか。クイズ研の子とか、活動でやることなくなったら休み時間にぜひやってほしいね。ふ：サブチャンもけっこう好き。

2018.6.30
[文系ホイホイ]手軽で楽しい新ゲーム！新熟語作りで意外すぎる結末に…[二字熟語スイッチ]
- 伊：漢字が書けなくてがっくりきた。こうちゃんひさびさの会心の出来。ふ：河村とやった時は「勇猛」を食らった時に「獬猛」で返して勝利した記憶。

2018.7.2
[悪ふざけ]東大生が本気で遊戯王～遊戯に関する知識No.1決定戦～
- 伊：こうちゃんとふたりのときのフォーマットができてきた。ふ：遊戯王王をやってほしいが、やれる人は参加したい人なので永遠に行われない。

2018.7.4
東大生クイズ王でも間違える常識問題って…？"超簡単クイズ"がなぜか難しすぎる！？
- 伊：いいサムネ、これに尽きる。でも早押しの内容はガチにハイレベルよ。ふ：サムネを広告だと思ってスルーされた回数が知りたい。

2018.7.6
[10倍速水溜りボンド]東大生クイズ王が「知ってそうで知らないアレの名前」に超スピードでタイムアタック！
- 伊：YouTubeの本流にも少しでも自分たちを食い込ませようともがいていた時期。ふ：この頃の方が対応力高かった？ フットワーク軽くしていきたいね。

2018.7.7
正解の出せない問題でも東大生はこう考える！入社試験に出る推測クイズ[フェルミ推定]
- 伊：自由記述構を見ている感じで、こういう動画はたくさんやりたい。プレイしやすいし、ふ：みんなの頭の中が少し見える感じがして大好き。

2018.7.9
人間はどこまで高速でクイズを解けるのか？制限時間がだんだん短くなるクイズ！
- 伊：すべてに配慮が行き届いている良作。ふ：河村と時間の調整してて、ちょうど24問だと気づいた時が一番テンション上がったかも。

2018.7.10
[消去しりとり]クリアを狙え！文字を一度ずつしか使わずにしりとりを続けることはできるのか？東大生で検証2nd
- 伊：単純にこのゲームが好きです。

2018.7.11
[きのこの山vsたけのこの里]本当の勝者を決める日が来ました[クイズ×頭脳戦]
- 伊：明治さんからいただいたデカいチョコの賞味期限が迫っていたことがきっかけ。ドッキリだと思われてるけど、ちゃんと事前に知ってたぜ！

2018.7.13
[検証]東大生3人ならクイズアプリで賞金GETできるのか！？超ガチ10問連続正解チャレンジ
- 伊：問題難しかったかな。MC落ち着いてますね。この1年後、同じフォーマットで弾けるくらいの余裕はできた。ふ：問題がムズすぎる説濃厚。

2018.7.14
[理系ホイホイ]高学歴はじめてのおつかい！インテリ夏の大冒険スペシャル[元素をお買い物]
- 伊：プレゼンでもっとも多く見せてる動画かも。ふ：ただの「元素狩り」みたいな企画だったのを、急遽はじめてのおつかいにシフトさせたやつ。

2018.7.16
[超高速早押し]留年の危機でも諦めないで！6人いれば3分で50点取れるんだろ！[ウルトラマンDASH]
- 伊：早押し×チーム戦トライアルは初かな？ ふ：シリーズ系をまとめて覚えるのが好きだったので、上手くハマって答えられている。

2018.7.18
[偉人麻雀]東大生4人で歴史上の人物遊び！共通点を見つけトリオ作りゲーム[カオスすぎるww]
- 伊：美術チームの地道な努力に感謝。ふ：地味な共通点も意図的に3人揃うように作っている。「炎に包まれて亡くなった」など。

こぼれ話 ✦PART2✦ 2018.1～2018.7

- 伊：我々の手札が増えた時期。山本が入って現在の7人体制が整ったのもあるけど、後に何度もやるような企画が生まれているし、コラボもやりやすくなった。あと、メンバーがみんなオフィスにいることが多かったのもあり、動画の出席率も高め。「今から撮らない？」で撮った動画もあるよね。
- ふ：「10倍速水溜りボンド」とかがそう。2018年からは河村が動画企画に入るようになって、単純に自分の担当本数が半分になったから、「偉人麻雀」とか2倍の時間をかけた企画も多い。
- 伊：7月くらいがターニングポイントというか、「学名寿司」のような河村さんの作り込み系の企画とか我々にしかできないものをやっていこうとテコ入れを行っていた。サムネのクオリティも上がって、YouTubeの大海で戦う準備ができた時期ともいえる。
- ふ：急上昇にもけっこう入るようになって、伸びているYouTuberの仲間入りができた頃だね。
- 伊：好きなYouTuberと言ってもらえることも増えて、初のファンイベントも開催。ボードゲームをたくさん差し入れていただいたので、ぜひ活用しようとボードゲーム動画も増えている。QuizKnockでやっていこうと思い始めたのもこの頃かな。

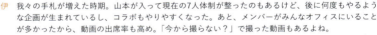
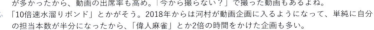

Mini Quiz Q.19 本名は実。国民主義を主張し、政論新聞「日本」を創刊した明治のジャーナリストは誰？

2018.7.19
【大恥】読めないと恥ずかしい漢字クイズでクイズ王が不正解連発！あなたは解ける？

伊：苦手な難読漢字が動画として成立する程度の実力がついてきた頃。ふ：コスモス（早押しボタン）とは対極のカオス（早出し）もたまには楽しい。

2018.7.24
【洗脳注意】潜在意識に何が刷り込まれたでしょうクイズ！東大生が30分の1秒に挑戦！【サブリミナル効果】

伊：サブリミナルシリーズ第1弾。みなさんと一緒に解けるから楽しいし、YouTubeとして新しい。ふ：見るだけでカニが食べたくなる動画（嘘）。

2018.7.29
【東大生の聖徳太子超え】あなたは聞き取れる？同時に話しかけられるクイズ！

伊：大活躍回なのに人気なくて寂しい。ふ：ピッタリなクイズを作るのが楽しい。

2018.8.2
東大生弱すぎwwwしりとり風ゲームしたら語彙がすごい奴かポンコツしかいない【なかっけ】

伊：むずかったなぁ……。少しでも集中を切るとできなくなる。ふ：後にNHKでも紹介された。

2018.8.6
意味がわかると怖い話、東大生ならめっちゃ早意味がわかる？ムードぶち壊し早押しクイズバトル！あなたの知らない世界がここにある…

伊：思いついた時点で勝ち。YouTubeにこういうフォーマットをたくさん残していける存在になりたい。ふ：こう聞くとあんまり怖くない。

2018.8.10
【第一回】疑問王！Google予測検索でクイズバトル！いいギモンを東大生は思いつけるか？

伊：こういう検索を使った遊びって「安藤ケンサク」とかもそうだけど、とても遊びの余地が大きくて好きです。ふ：これも王企画だったのか。

2018.8.15
【日本最高峰】ガチすぎる東大生早押しクイズ対決やってみた【クイズ王の本気】

伊：クイズはいろんなその場のファクターが関わってくるので、そこが勉強以上に面白いところ。ふ：なぜか伊沢が非常に弱い回。

2018.8.21
【速読＋執筆】東大生なら読書感想文も一瞬で書ける？文系東大生ガチスピード対決

伊：感想文には分析が必須で、至極まっとうなことをしている。ふ：子供の頃、読書感想文が苦手だったのでプレイヤーには回りたくない企画。

2018.7.20
【教育×笑い】イケボで格言バトル！成長するための名言を東大生＆教育YouTuberが語る【はいち】

伊：フリーダムな出題を受け切れるようになってきた頃。ふ：将来はいちさんや伊沢の名言を使いたくなった時はここから使ってください。

2018.7.25
【世界最長のクイズ】3択かと思ったら4000択!?ガチ早押しが超頭脳ゲームになった

伊：普段のセットで大人数で撮るフォーマットの作品では一番バズったかな？ふ：クイズの歴史でこれより選択肢が多いのってあったんだろうか。

2018.7.31
【実験企画】メビウスの輪をひねりまくったら予想出来ない結果に！東大流の研究まとめ方もレクチャー【夏休みの宿題】

伊：これを自由研究に使いましたって人の話を聞いたことがある。嬉しいですね。ふ：子どもの頃5回ひねりを作ろうとしてすぐ破れちゃった記憶。

2018.8.3
【検証】東大生クイズ王なら弁護士になれるのか？司法試験問題に挑戦！

伊：素材撮りは東大生の素材と同じで「足せる」部分なのでがんばった。ふ：素材撮りの時死ぬほど笑った。サブチャンに上がっている。

2018.8.8
【東大生心理戦】先に答えを教えるクイズ!?だまし合い人狼ワードウルフ風バトル

伊：頭使いすぎてサブチャンで解説動画が出た。ふ：事前に「答えかどうかわからないもの」を知らせるという完全新ジャンル。

2018.8.11
【高速ひらめき】もじ並べ替えパズル！東大生のIQスピードにあなたはついてこれる？【アナグラム＋】

伊：お手軽、それでいて白熱、それがQuizKcnok。ふ：本来のアナグラムより問題を作るのが簡単なのでオススメ。

2018.8.17
【まさかの珍作品】東大生が短歌ゲームしたら想像の斜め上を突き抜けた

伊：難しかった……。ボドゲは運要素も絡むので動画の題材としては良し悪しですね。ふ：短歌に対する冒涜を繰り返した回。

2018.8.22
【炎上しないで】東大生が日本一バカな大学の入試に本気で挑戦したらどうなる？【想像以上の実力】

伊：完璧。撮影は省エネ、ボケは適度、タイトルがこれ以上ない引き。編集も最高。ふ：続編もそうだけど、みんなんでそんな強いの？

2018.7.21
アタック25風クイズ！前代未聞の自己申告制とは？【祝25万人】

伊：これルール良くできてるなぁ。クイズプレイヤーとしての会心作。ふ：出題も展開も上手く行ったかなと。正解がひとりってのもいい。

2018.7.27
【自由研究】ミキサーでお湯が沸くってホント!?手で振るとどうなる!?水の摩擦熱を東大生が大実験【夏休みの宿題】

伊：この現象をどう見せるかの研究で、動画制作のクオリティがさらに上がった気がする。ふ：正直、温度なんて絶対上がらないだろうと思ってました。

2018.8.1
理系ワード連発ww東大生と教えのプロが笑ってはいけない福笑いやったら完璧な顔になるのか…？

伊：福笑いも広義のクイズだよね、ってことで……。ふ：サブチャンの方がむしろ好き。

2018.8.4
【限界しりとり】東大王VS東大王！！最強の語彙力バトルの勝者はどっちだ!?

伊：強かった……。どういう育ち？ふ：る攻めをここまで突き詰めてる人がいるとは……。

2018.8.9
【宇瑠寅（うるとら）】こんな名前ありえるの！？実際に存在するキラキラネームな力士の四股名クイズ

伊：知ってた。ふ：僕が考えたダミーが全然選ばれない。

2018.8.14
珍回答続出wwオリジナル四字熟語ゲームで東大生の発想力と語彙力を問う【漢々楽々】

伊：とりあえず作っといて後から考える。これがYouTube。ふ：どんな並びでも四字熟語に見えてくる不思議。

2018.8.18
【0m走】ウサイン・ボルト越えた!?ゼロメートル走ったらまさかの結果にwww

伊：起きたら終わってった。ふ：ほんとは伊沢がやる予定だったのに寝坊したせいで僕がやることに。

2018.8.24
【知識で募金】2.4秒クイズ！超高速マッハ早押しを見よ！【リベンジ】

伊：恒例。意外と難しい。ふ：山田耕筰覚えてね。

---

064 | Mini Quiz **A.19** | 陸羯南（くがかつなん） | 「く」で始まるスゴイ人。（川上）

2018.8.25
【これが東大】語彙の王様を東大生がやると異次元のワードが飛び出した
伊：ガチでやりすぎたボードゲームのひとつ。ふ：「ナイスゴイ」が面白くて持ってきたのにそこはそんなにウケなかった……。

2018.8.26
東大生が世界中でスイカ割りをしたら、割る精度が異常だった。
伊：好きな動画。地理の知識をフル動員して答えていく。ふ：時差を計算するのとか得意になると思うのでやってみてください。

2018.8.29
【流しそうめんクイズ】心理戦クイズ！これが東大生の夏…【食べるか流すか】
伊：早押しボタンを移動させて流しそうめんというのも、心理戦クイズとして成立してるのもすごい。ふ：ボタンが動くクイズは珍しいよね。

2018.8.30
【プリッとChannel】息とめ中にクイズ！活量と知識試しでまさかすぎる結果に…
伊：須貝さんの肺活量も、プリッとChannelのクイズ力もすごい。俺は？ふ：めちゃくちゃ笑ったね。テーブルが透明でよかった。

2018.8.31
【25ヶ国語で答えろ】東大生でギリ！ 新ゲーム「万国鉄道の夜」
伊：リズムゲームで求められる知識量を遥かに超えている。もう1回やりたい。ふ：正誤判定も編集の時の裏取りもめっちゃ大変だった。

2018.9.1
【激辛ペヤング】一流YouTuberになりたくて……
伊：単純に食べたかったのと、普段やらないことをやりたくて。ふ：YouTuberになりたかったのはわかるけどタイトルにしなくても（笑）。

2018.9.3
【みんなで筋肉クイズ】アメリカ50州 〜厚い胸板をつくる
伊：「みんなで筋肉体操」に乗っかった企画。編集のこだわりがいい。ふ：河村が腕立て伏せしてる時に伊沢の笑い声が入っちゃういう。

2018.9.4
【語彙力】東大生が広辞苑を1ページずつ作ったらどこまでいける？【古今東西】
伊：広辞苑は遊べる。これもやってみると意外と難しい。ふ：結局ドボンになったのも広辞苑にない言葉を言っちゃっただけなのだからすごい。

2018.9.6
【実験】海が砂糖水だったら物は浮くのか？？
伊：Lab模索期。家庭サイズの実験を面白く見せるのは意外とテクニックが要る。ふ：ふと感じた疑問をすぐ解決させようという行動力が一番の学び。

2018.9.8
【クイズ王への道】ナイスガイ須貝用クイズならクイズ王にも勝てるのか？ガチンコ早押し検証！
伊：持っている知識への信頼と、お互いの知識をもぎ取る技術があるのがクイズ王。ふ：好きなジャンルがあること自体が武器になるのがクイズ。

2018.9.11
東大生クイズ王が知らないこと…それは………
伊：ミリしら。知ってそうな雰囲気を出すのは得意。ふ：ミリしらって一時期流行ったけどどの世代まで伝わるんだろう。

2018.9.12
【すげぇw】インテリ箱の中身は何だろなクイズで東大生クイズ王が本気プレイ！
伊：公式本の宣伝動画、企画考えた。古式ゆかしい形式にQuizKnockとして初挑戦。ふ：背景がカラフルだから単純にそれだけで楽しい。

2018.9.13
答えは消しゴム。さて問題文は？前代未聞の逆クイズ！
伊：こういう制限付き作問トレーニングを重ねていくことで、技術が向上していく。ふ：制約のついてるクイズ作る好きだなって思った。

2018.9.15
あなたはひらめく？あるなしクイズで早慶IQ対決！【慶應にあって早稲田にないもの】
伊：韓国でテレビ収録だったので不在だった時。山本はこの動画またやりたいみたい。ふ：最終問題、究極のあるなしって感じがしてお気に入り。

2018.9.16
【文系ホイホイ】世界史オセロ、東大文系でも地獄級にむずかったwww【東大生リスペクト】
伊：とにかくムリゲーだね。ふ：シンキングタイムに加えて調べる時間があるからめっちゃ長い。編集も地獄だった（笑）。

2018.9.18
【音を見る】声を見えるようにして音速を計算してやったぜ。
ふ：この実験最初に思いついた人すごくない？

2018.9.19
Wikiにない言葉しりとり！超マイナー単語のみで東大生がしりとりバトル！
伊：Wikipediaの性質を知っているとQuizKnock動画で有利になる。ふ：100万語禁じるハードルールと、「ん」で終わってはいけない通常ルール。

2018.9.20
英語禁止しりとりワードバスケ！東大生VSプリッとChannelで爆笑揚げ足取り対決！
伊：みんな表情がいい。プリッとのおふたりからは盛り上げ方や楽しさの見せ方を学んだ。ふ：めっちゃ楽しかった。プリッとのおふたりが面白すぎた。

2018.9.22
【再炎上】東大生がバカ大学の入試に3人がかりで挑戦した結果…【火に油】
伊：これも伸びるのが、このフォーマットの良さを改めて物語っている。ヒールも楽しい。

2018.9.23
【新クイズ】東大生がクイズボーリングをやってみたら斜め上すぎたwww【ビッグパネイト】
伊：「東大王」でクイズボウリングなる企画が登場したのでその後の検索狙いで。結局一度しか登場しない形式でしたとさ。

2018.9.25
【楽しい】東大頭脳にズームイン！どれだけ細かい部分まで答えられるのか…？
伊：啓発っぽいタイトルだ。ふ：審判がひとりいたらできるゲーム。けっこう楽しそうだからやってみたいなぁ。

2018.9.26
【ハイレベル】東大流書けないと恥ずかしい漢字！書き取りバトル！
伊：書けねえ……。問題の用意からも、その人の漢字観が見えていいですね。ふ：鸞薬の鸞は思ってるより1画少ないので注意。

2018.9.27 / 2019.1.4
発想力クイズでプロデューサー対決！頭のやわらかさで東大生に勝てるか！？
伊：不在時かな。山本がいい仕事している。ふ：昔は伊沢不在の際、そのメンバーで撮る理由を一生懸命考えていた。今は口実なしに撮ってる。

2018.9.29
エイコゲーム縛りプレイ！女子高生に流行中のリズムゲームで東大生バトル！
伊：「嵐にしやがれ」で取り上げられてたゲームらしい。これもむずいねえ。ふ：アプチェン世代です。

Mini Quiz **Q.20**　トゥーゲントハット邸が世界遺産となっている建築家は誰？

2018.10.1
【無重力!?】空中浮遊の謎を解く！東大生ナイスガイ実験【レビオーサ】
伊：サムネが攻めてる。ふ：実際やるとめっちゃ楽しい。

2018.10.2
東大生でも10回クイズ引っかかっちゃう説
伊：このタイトルだけで勝ち。動画の中身も良い振りが多くて上手にできている。ふ：いや東大生めっちゃ引っかかるやないかい！

2018.10.3
【早稲田大入試問題】「新じゃんけん」のルールを考えたら、発想が天才的すぎたwww
伊：入試問題シリーズ番外編。ふ：三者三様なのが面白い。1回だけ須貝さんのじゃんけんをプライベートで使ったけどルール説明で時間かかる。

2018.10.5
【知の早慶戦】早稲田大生と慶應大生で英単語当て対決！！【ヌメロン】
ふ：第3戦も撮ったんだけどデータ破損によりなくなってしまいました……。

2018.10.7
【英語禁止辞書作り】カタコトの日本語でクイズしたら楽しすぎたwww【ボブ辞典】
伊：ボードゲーム動画は笑いのポイントが単調になりがちなのでいろいろ足しにいった記憶。ふ：QuizKnock、指摘するの早押しボタンでやりがち。

2018.10.8
日本一楽しくないクイズ作ってみました
伊：「攻めてるけど、お題を満たしている」ものを作るのは気をつかう。ふ：中身はどうでもよくて投票数だけ見るという発想は河村発だったはず。

2018.10.12
【爆笑ww】東大生ツッコミ王は誰だ!?【ボケの癖がすごい】
伊：これはもうゲームの質がいい。あとは河村さんのプレイングがすごい。ふ：YouTubeで「屈葬」って調べるとこの動画が出てくる。

2018.10.13
【地獄】ムズすぎる言葉だけでキズナアイ面接したら面接どころじゃなくなったwww
伊：東海オンエアの動画がきっかけ。ふ：四字熟語で揃えるのとか地味に難しかった。感情とか動作を指す四字熟語は意外と多くない。

2018.10.15
神のごとく雲を操り天気を司りたい。
伊：サムネ冒険回。ふ：サムネを科学に寄せるのかファンタジーに寄せるのか、いろんなパターンに挑戦してた頃。

2018.10.17
長い言葉に飽きたので1文字でしりとりします【頭韻戦】
伊：天才的サムネ。ふくら・河村センスが最高のかたちで活きた動画。ふ：「結局長い方が勝ちなんかい！」と心の中でツッコみながら見てほしい。

2018.10.18
正解しすぎたら即負け！東大心理戦チキンレース【深読み注意】
伊：カードの引きでもっと化けた良企画のはず。ふ：問題数を多くする手もあったけど動画の長さも考えなきゃいけないから難しい。

2018.10.20
見破れれば名探偵コナン級！東大生は2分で解決できるのか？【2分間ミステリ】
伊：伸びが保証されていて工数もかからないナイスな企画。ふ：2分間の再現ドラマまでは作れなくて簡単なVTRにとどまってしまった。

2018.10.22
実際にあった！1974年の宇宙人の電波メッセージ、東大生が解読してみた【アレシボ・メッセージ】
伊：河村さんのぶっ飛び企画＋志賀くんパワー。ふ：「これアデニンのことじゃないですか？」までたどり着く世界線、一度見てみたい。

2018.10.23
【very楽しい】瞬発力！早い者勝ちひらめきバトル「スプリントシャウト」英語版！
伊：QuizKnockは英語企画少ないから、やるなら勝ちたかった。ふ：very楽しいの部分に英語っぽさを見出すことができる。

2018.10.25
【無理でした】東大頭脳でムチャブリをクリア！知識で連想ゲーム！
伊：ムリでした。ふ：僕けっこう得意な気がするのでやってみたかった。ちょっと逆クイズっぽい。

2018.10.27
風船を石にする魔法を使ってみた！！！【ハリポタ】
伊：ハリポタ×実験という須貝さんの力を掛け算して視聴を狙う動画。ふ：ホントに割れないのか、見てても信じがたい実験。

2018.10.29
【騙し合い】ない言葉しりとり！ありそうでなさそうな言葉、ある？ない？
伊：ウソをつくだけじゃなくて演技力を問われる企画。ふ：これしりとりじゃなくていいよね（笑）。ある言葉かない言葉かクイズでいいじゃんっていう。

2018.10.30
【懐かしすぎ】平成の出来事、何年か覚えてる？？激ムズ年代並び替えクイズに挑戦！！
伊：友人・佐々木あららさんからいただいた手作りカードゲーム。ふ：QuizKnockメンバーっていろんな世代が集まってるからこういうの楽しい。

2018.11.1
【対決】東大生が水平出しをしたらヤバいスピードが出たwww
伊：Labの正解のひとつが見えた回。とにかく楽しく、その中に原理が入っている。ふ：これは笑ったね。1位になるつもりで企画作ってるもん。

2018.11.3
【閲覧注意】サイコパスになれクイズ！東大心理学で犯罪者を完全理解？
伊：桜雪さんはバラエティ的にも大学的にも大先輩で、やり方を分かっている方。人の空気を読み、常に笑顔。ふ：全然閲覧注意じゃないな……。

2018.11.4
【日本最高峰】ガチでクイズ番組作りました。【東大頭脳】
伊：案件で100万再生出ると、普段の動画より嬉しい。ふ：Dから始まる言葉を大量に書き出す作業が楽しかった。こういう作問めっちゃ好き。

2018.11.6
正解できないドッキリ！クイズ王が絶対にクリア出来ないトリックに気付けるか!?
伊：数学を使ったドッキリは楽しいし我々らしい。ふ：いや～ミスったのがほんと痛い。なんなら5問くらいやって気付くかどうかやりたかったね。

2018.11.8
【見ると記憶UP】超瞬記力しりとり「文字つなゲーム」で東大バトル！【はじめしゃちょーの畑】
伊：こういう単純記憶ゲームも好き。畑の方にも反応していただけた。ふ：このときの言葉、今もけっこう覚えてるわ。

2018.11.9
【論破】東大生クイズ王VSはなお。論破バトルをしたらどっちが勝つの？
伊：はなおさんとお互い暴走に拍車が掛かる。ふ：制限時間が守りれることなく喋りが続くふたり。史上最も不毛な議論であったにも関わらず……。

| Mini Quiz | **A.20** | ルートヴィヒ・ミース・ファン・デル・ローエ | 世界三大建築家は全員世界遺産を作っている。（ふく） |

2018.11.10
大喜利？クイズ？どっちか微妙なお題に答えよう【夕闇】
伊：僕がもともと東大クイズ研の合宿でやってた企画をふくらさんがアレンジ。ふ：えっそうだったの!? 河村と2人で考えたんだったと思う。

2018.11.11
【色当てクイズ】みんなの服の色わかる？照明を変えたらすごいことになったwww
伊：Labの正解を掴んだ後、それを上手に応用した企画。ふ：あまり着たことのない珍しい色の単色服を4人とも着てる。

2018.11.12
【世界最速クイズ】100倍速クイズ！聴力と頭脳が試される戦い
伊：企画者としての山本のいいところが活きている、基本に忠実な動画。「ザッ」がすべてよ。ふ：3倍速が意外と聞き取れたから4とか5でやりたい。

2018.11.14
【東大の本気】細かすぎて伝わらないヒントが難しすぎて伝わらない
伊：川上がこういうゲームで突如難しいこと言い出すやつになるパターンが面白い。ふ：変な感性と変な知識が出てくるのが楽しい。

2018.11.16
【はなお】理系なりの語呂合わせ個性的すぎwww【これで満点】
伊：はなおさんが活きる企画。良い取り合わせで、みなボケ方も違って良い。ふ：この動画で覚えられたって人がひとりでもいたら嬉しいね。

2018.11.18
【クイズ】海賊王〜海賊知識No.1決定戦〜
伊：たまたま休日出勤していた俺がサムネをクソコラした記憶。シンプルイズベスト。ふ：世界史に寄らないようにというこうちゃんの努力が見られる。

2018.11.20
東大生に挑戦！ひらめき穴埋めクイズ【1分で解けたら東大生】
伊：早い。よくできるわ。ふ：こういうシンプルな発想力勝負めっちゃ好き。

2018.11.23
【結局ガチ早押し】常識力早押しクイズしたら盛り上がりすぎたwww
伊：記事への誘導を意識した企画。これで勝てなきゃ編集長ではおまへん。ふ：最後まで聞けばわかる問題ほど早押しのテクニックが問われる。

2018.11.24
絶対に正解できないクイズ番組
伊：クイズ番組をよく知っていないとできない「自然な仕掛け」が多い。ふ：このときばかりはクイズ作家じゃなくコント作家であった。

2018.11.25
【ツッコミかるた】ツッコミセンスを東大生と夕闇が競いあったらどっちが勝つの？【夕闇】
伊：ツッコミかるた第2弾。夕闇のYouTube力に助けられてるなぁ。ふ：ツッコミセンスってタイトルだけど圧倒的にボケのセンスが問われる。

2018.11.27 / 12.2
東大生より早く解ける？新ひらめきパズルが超楽しい【ワード足し算】
伊：初開いっぽくて好きな企画。こういうのまだガンガンやりてぇ。ふ：企画案は河村。問題を作るの難しいってことでバトンを渡された。

2018.11.28
【歌詞クイズ】「じぶみ」が歌詞に含まれる曲は？？3文字から曲名を当てられる？？
伊：よかろうもんコラボ。大人数でワイワイするゲームした、歌は共通言語。ふ：10人でクイズってこと自体がそもそもめっちゃ楽しい。

2018.11.30
【パ王】炎ワープ選手権！炎のテレポーテーションを最もできるのは？
伊：オフィス泊の時期なのでジャージ。でもあれ、「ムー」のプレミアジャージなのよ。ふ：消火器を買ったのこのときだったはず（経費クイズのやつ）。

2018.12.1
あなたも挑戦！東大生がガチンコ謎解き！クイズ王のIQは果たして…？
伊：暇謎さんとエンジニアチームが組んで作った本格謎解き企画の宣伝動画。ふ：スピードに合わせて解説編集するのがけっこう大変だった。

2018.12.3
【子音消滅】おうあいえいあおいんういういおうえん！あああおえっあいあっあwww【母音クイズ】
伊：QuizKnockってヤベえやつらじゃん！ というのを定期的にお見せしたい。ふ：後に母音も消去されることを彼らはまだ知らない（無音クイズ）。

2018.12.5
英語以外禁止クイズ！早押ししして英語以外を喋ると即アウトが何故か心理戦に…
伊：こういう動画でいちばん大事なのが「言わせる」技術。ふ：出題者の思考回路を考えて解くというテクニックはどんなクイズにも共通する。

2018.12.7
【検証】1列のルービックキューブ!? 東大生ならできるじゃん！
伊：須貝さんが「みんなで雑談してる感じで」とディレクションしたのが上手だった。ふ：ロジカルシンキングが見につくパズルでオススメ。

2018.12.8
【ひらがな禁止クイズ】「輝鏡太」って何？漢字だけで歌詞クイズ【not中国語】
伊：よかろうもん第2弾。みんなが嵐について弱いことがわかった。ふ：歌詞を聞くタイプとメロディを聞くタイプで難易度が全然違う。

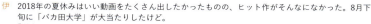

こぼれ話 PART3 2018.7〜2018.12

伊：2018年の夏休みはいい動画をたくさん出したかったものの、ヒット作がそんなになかった。8月下旬に「バカ田大学」が大当たりしたけど。
ふ：「激辛ペヤング」とかYouTuberっぽい企画もやってみている。振り返ると、いつも挑戦はしてる気がする（笑）。成功したらまたやるし、失敗したらそれを生かして別のことをやると。
伊：2018年の夏休みは挑戦失敗期だね。夏だから「流しそうめん」「スイカ割り」とかやったけど伸びなかったなぁ。
ふ：見ると面白いんだけど、見たくならないっていう（笑）。
伊：夏に苦しんで、10月は「日本一楽しくないクイズ」とか「一文字しりとり」とか、タイトルありきの普通のオフィス撮影動画が伸びた。文字だけサムネ期といえるかも。
ふ：文字だけサムネの歴史もいつか振り返りたいね。
伊：文字だけサムネはだいたい伸びている気がする。あと、夏にみんな一緒にいたから演者の成長もあった。特にこうちゃん。
ふ：みんなで動画の企画をするようになったのもこの頃だね。
伊：そうだね。ふくらさん主導は変わらないんだけど、YouTubeのチームとして幅が広がった。

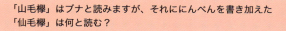

Mini Quiz **Q.21** 「山毛欅」はブナと読みますが、それににんべんを書き加えた「仙毛欅」は何と読む？

2018.12.9
【早押し】東大生が『知識検定』を最速で合格トライ！[5倍速]
伊：すげえぜを見せたい動画だったが、誤答が多い。ふ：難しい問題を後ろに持ってきたから誤答が増えちゃったかなぁ。問題順もけっこう奥が深い。

2018.12.15
【流行れ】IKKOさんモノマネクイズで赤っ恥【チョコプラリスペクト】
伊：明確な伊沢MC動画第1弾 feat.東大王チーム。大好きな企画なんですが、再生数が……。ふ：こうちゃんはこれでジャン・ジュネ覚えたらしい。

2018.12.18
コーラから炭酸と水抜いて炭酸水入れたらコーラに戻るのか？
伊：サブチャンは全員同時に画面に登場する（朝から以外で）おそらく初の動画。ふ：2個の実験をひとつの動画にするか悩んだ。結局分けました。

2018.12.22
大喜利苦手な東大生でも用語集使えば面白いんじゃね？【インテリ大喜利】
伊：川上の夕闇好きが出た動画。これももっと伸びていいはず。ふ：テスト範囲内とかいう縛りでやってみて欲しい。

2018.12.26
【東大越えた】視聴者のアイディアでヤバいスピードが出たww水早出し選手権！[リベンジ]
伊：YouTubeらしい相互作用と、設定の作り込み。ふ：Labで一番再生されてるかな？これからもコメントで僕らを超えるアイディアを見せて欲しい。

2018.12.30
【東大流の闇鍋】文章ごちゃ混ぜの問題文が支離滅裂すぎるww【闇クイズ】
伊：食べ物を入れるということを理解していなくて……。ふ：みんなから適当に集めた問題文でこれを作ってるんだからホントすごいよなぁ。

2019.1.7
【検証】東大生はノックしながらでもクイズに正解できるのか？
伊：体育館企画第1弾。編集が大変。ふ：公開日見ると年末年始休んだんだなってのがわかるな。1月4日分までストックしてたってことね。

2019.1.12
東大文系2人で語彙力バトル！広辞苑ひらめきクイズ
伊：どんなに勝っていても遠慮などしない、それが俺。ふ：雪解けが出せたからもう満足です。

2018.12.11
【ゆきりぬ】モザイクを外すと…？
伊：下世話な狙いのクイズ。ゆきりぬさんのファンに怒られなかったかな？ふ：クイズ自体かなり面白いよね。釣りにする必要なかった？

2018.12.16
【不仲説】仲の良さを確認するために早押しチーム戦をしたところ…【以心伝心】
伊：タイトルがよくできてるのと、川上が面白い。ふ：クイズ界で二人羽織クイズと呼ばれている形式。クイズの先人の発明も紹介していきたいね。

2018.12.20
【東大生すげ♪】TASUKE！目隠しクイズ王は声だけで正解できる?東大アイドルとの最強タッグで挑戦！
伊：TASUKE第2弾。雪さんの説明がうまいし、レベルは上がっていた。ふ：伊沢が知らない言葉だったら詰むっていうのが作問の難しいところ。

2018.12.23
【野菜嫌い】ふくらP、キャベツとレタスの違いわからない説
伊：みんなで盛り上がって山本が企画化したもの。ふ：会う人会う人に「野菜みたよ」って言われる（笑）。この動画に出た内容はもう全部覚えたよ。

2018.12.27
【難しい言葉禁止】東大生が語彙力が低すぎるクイズwwまじヤバいあれがマジいい感じ！
伊：ふくらさんが振り切ったときの演技力がすばらしい。それに尽きるな。ふ：どんどん適応力が上がっていく過程を見るのも楽しいよね。

2019.1.2
【東大生検証】超過酷レースの直後にセンター試験解けるのか?【スパルタンレース】
伊：仕掛けられた感出してますけど発案は僕。ファルさんのMCが面白くて好き。ふ：エクストリームセンター試験っていうスポーツにしちゃいたいね。

2019.1.8
【東大頭脳戦】連想ゲームでガチバトルしたら超盛り上がったwww【コードネーム】
伊：半年くらい眠らせてた動画かな？MGS3が好き。ふ：編集が億劫で手を出してなかったやつね（笑）。やってみると面白かった。

2019.1.14
正解を言ったら加速してしまうクイズ番組
伊：実験作。ニコ動世代なのでこういうMADが大好きで……たしかに学びはなかったよね。ふ：ニコニコと違ってコメントが流れないのが残念。

2018.12.12
【都市伝説】Wikiは6クリックでどんなページにもいけるらしい。東大生が頭脳検証！
伊：知識を総動員してフリーに遊ぶ動画はどんどんやりたい。ふ：子どもの頃Wikipediaのリンク踏みすぎて時間が永遠に溶けたことあるよね。

2018.12.18
【東大生実験】コーラの中身取り出してみた！ゼロコーラなら中身ゼロ？
伊：この実験は純粋に楽しかった。ほんとに消えてくからう。ふ：家で出来る実験ってのがいいね。真似したくなる。

2018.12.21
【東大生検証】Googleの入社試験をガチで解いてみる
伊：これも借り物企画ながら想像以上のヒット。引きが強いですね。ふ：Googleの問題はただ難しいだけじゃなくて思考プロセスがあるのが良い。

2018.12.25
【東大生混乱】カルタ 0種類まぜたらムズすぎww1000枚使って大乱闘【10倍かるた】
伊：実は伊沢MCの中では最初に撮影したものの、編集が大変すぎた1本。ふ：探すの楽しかった（笑）。子どもの頃のボールプールを思い出すね。

2018.12.29
【東大ドッキリ】徐々に変化すると見せかけて静止画を見せたら気付くのか？【アハ体験させない】
伊：QuizKnockで一番学びのない動画を作った。ふ：どこで正解して何というコメントをするかまで伊沢ディレクションだからこだわりがすごい。

2019.1.3 / 1.13
東大生11人の壁！詳しい分野だけのクイズなら強敵相手に全問正解出来るのか?[#1]
伊：ケチのつけようがないな。ふ：詳しくないジャンルで3問作るのは実は難しい。ギリシャ神話もティタノマキアのところまでで読むのやめちゃったし。

2019.1.11
【最速を目指すな】早押しならぬ「遅」押しクイズ
伊：これもプレイングが難しい。みんなの感情が出ているのがいい。ふ：1着だけ狙い続けるのと2着を狙い続けるの、どっちがいいんだろう？

2019.1.17
【最速】東大生が新作ルービックパズルに挑戦 最速ふくらPを倒すのは誰だ?[1vs5]
伊：ルービックパズルが純粋に楽しかったので、ふくらすげえ動画として企画。ふ：なんで得意なのかわかんないやつね。サブチャンも好き。

Mini Quiz A.21 | **イヌブナ** 　漢検一級レベルの超難読漢字。山本

2019.1.18

【応援】センター試験を受けるすべての受験生へ

伊：ひさびさに語る動画。ふ：視聴者の受験生が試験本番だと思うと先生の気持ちになる。今思い出すだけでも緊張してきた（笑）

2019.1.22

【平成ホイホイ】この頃何があったか覚えてる？東大生がピタリ連発

伊：むしろサブチャンが楽しかった。平成史って、感慨深いね。ふ：答えを調べるのがめっちゃ大変だった……そこの時間のせいで雑談が増えてる。

2019.1.26

【早押しクイズ】大王〜大きいもの知識No.1決定戦〜

伊：もうここまで来たか、というツッコミも何回目だろう。全然押せなかったなあ。ふ：王系の中で一番問題を作るのが簡単（たぶん）。

2019.2.2

【爆笑】東大生が偉人生成バトルしたらヤバい奴うまれた【ソクラテスラ】

伊：やってるときは「これいつ終わんの？」と思った。ふ：偉人も覚えられる良ゲーム。でもポーランドを消滅させたのが誰かみんな覚えてるかな？

2019.2.7

【検証】クイズ王でも急に起こしたらクイズで勝てるんじゃね？

伊：俺もよく勝てたなぁ。そしていいタイミングで足骨折してたなぁ。ふ：半年前から問題は作ってて、ずっとチャンスを待ってた。企画自体は河村。

2019.2.10

【ロゴ】あなたの注意力がどれだけあるかわかってしまいます

ふ：ホントは伊沢向けに出題した問題なんだけど、データ破損のせいで動画が消えちゃったからリライト。

2019.2.15

【早押し？】絶対に押してはいけないボタン

伊：トリッキーだけど、引きがある。これをかたちにするってのは相当な実力がないとできない。ふ：タイトル思いついても企画が思いつかないよね。

2019.2.22

【スマホ王】東大生ならスマホの知識も意識も高いはず

伊：みんな意外とできなくて楽しかった。WEBクイズの純粋な楽しさがQuizKnockにも通じてくる。ふ：最初のクイズ全員正解してるのすごくない？

2019.1.19

【検証】東大生なら45秒で何ができる？爆速で計算＆パズル＆暗記

伊：45秒というYouTubeの本流とQuizKnockらしさの組み合わせ。ふ：歌詞に忠実に。「何ができる？」って言われたら何ができるか考えたくなる。

2019.1.24

【検証】東大生なら冬休みの宿題30分で終わるのか？中学生の宿題を3人でガチチャレンジ

伊：テレビのお話をいただいて先方と打ち合わせする中で作った企画。まさか100万再生行くとは。ふ：1日で宿題が終わるって小学生の頃の夢だよね。

2019.1.29

即興クイズ作り対決でまたしてもあの人がポンコツに…

伊：タイトルは俺が考えた気がする。こうちゃんのキャラが重要なギミックになった時期。ふ：ポンコツというかルール把握してない感ある（笑）。

2019.2.2

【早押し】東大生が世界最速でなぞなぞに挑戦!!

伊：企画提案・伊沢。山本の作問はナイスだったが、伊沢・川上はQuizKnockの中でもなぞなぞ弱い方だった。ふ：たしかに弱かったね（笑）。

2019.2.8

【東大生検証】東大生、なべらかえ に きかづない飛！【うっかり】

伊：須貝さんがすごい。企画に集中しつつ、気づける視野。ふ：バレづらい文字にしたつもりなんだけどなぁ。できればラメーンまでいきたかった。

2019.2.11

【闇の実験】東大生の注意力がどれだけあるかわかってしまいました

伊：諸事情で没になった伊沢向けロゴクイズがベース。ふ：この時期ドッキリ多すぎる（笑）。これは意外と気づかれなかった。

2019.2.16

へんたいクイズをやってみました

伊：ひと言目が最高。役者ですな。ふ：このへん河村に頼りきりゾーンだな。

2019.2.23

【新ゲーム】東大生がイヤホンガンガン人狼ゲーム！全員怪しく見えてくる…

伊：みんなのイヤホンと携帯のスペックがいろいろなマジックを生んだ回。ふ：この動画の唯一の学びは「うなぎの血には毒がある」。

2019.1.20

QuizKnock名言・名場面カルタで遊んでみた【50万人ありがとう】

伊：軽い提案だった罰ゲームだが、ハイクオリティに仕上がった。めちゃ遊べます。ふ：1枚目から印象派狙いだったのに全然読まれなかった。

2019.1.25

【閲覧推奨】東大生がまさかの下品クイズ！？

伊：もうタイトルがすべて。ふ：河村は下品クイズって名前になると思ってなかったって言ってた。内部の用語としてこの名称を使ってたらしい。

2019.2.1

【秘蔵】1973年のクイズノック【早押し】

伊：河村さんの演技力が素晴らしいし、作り込まれた良企画。ふ：東海オンエア好きがこのへんからも出てる。しかし中身はQuizKnock。

2019.2.5

【ネタバレ：答えは全て夏目漱石】スーパー夏目漱石クイズ

伊：スーパー谷繁元信クイズが元ネタ。ふ：「わかった」状態で見ないと楽しめないシリーズ。ただ知識はかなりつく動画になってるのが面白い。

2019.2.9

【クイズ正解は一週間後】東大生が一週間後をガチで予想してみた

伊：純粋にみんなが当てに行ったりボケたりする企画。ふ：歌手名とかはボケろが少なくて苦戦した記憶。クイズに寄ると大喜利が難しくなる。

2019.2.12

【悲劇】東大生のギリギリチョコなチョコ作り対決でヤバいものが完成【バレンタイン】

伊：山本、須貝さんともにいい味出してますね。料理だけに。ふ：料理は科学って言えたらカッコいいけどけっこう雑なんだよ（笑）。

2019.2.21

【これはバズる】東大生のクセがすごいww超面白いQuizKnockの動画UPしてみたwww

伊：途中から作ったルールが崩壊したやつ。ラフな感じでリリース。ふ：いまだに「山本マジギレドッキリしてください」のリクエストが届き続けてる。

2019.2.25

炎上王！一番炎上できるのは誰…？

伊：伊沢アメリカ出張中。炎上王ってもうなんにもかかってねえじゃん！ふ：炎上ごっこにハマってた時期ね（笑）。

Mini Quiz Q.22 ドイツ語で「黒い森」という意味がある、ドイツ南西部に広がる山地は何？

2019.2.28
【死闘】東大生ならめちゃ難しい単語でもお絵かきで伝えられる説【ヘタウマ】

伊：昔クイズサークルの企画でやったやつ。純粋に川上にお絵かきをさせたかった。ふ：果たしてヘタウマなのだろうか……？

2019.3.8
【すごすぎ】クイズ極めると最初の5文字だけで正解できるのか？【超能力!?】

伊：いわゆるゾスラというやつ。みんなで議論しながら酒を飲むのが楽しいのよね。ふ：ここでわかることとここで押せることもまた別の力。

2019.3.12
東大生なら1度見たクイズ全部覚えてる？QuizKnock過去問バトル！

伊：シンプルなやつも大事。QuizKnockはYouTuberであると同時にメディア群でもありますからね。ふ：自由律俳句はいつ解いても満点取れない。

2019.3.15
【応援】もう1度頑張る君へ。東大生からのメッセージ

伊：こっちのほうが見る価値あるね。ふ：浪人して頑張るのってすごく大変だと思う。どの道も正解だし、どの道も平坦ではないとは思います。

2019.3.19
東大生2人で恥を知れ

伊：サムネでこれがやりたかっただけ。ふ：河村発案で「恥に関するクイズそんなになくない？」と一度は突っ返したんだけど、20問くらい作れた。

2019.3.23
【東大入試】高学歴ガチ数学バトル！超早解き対決！【激ムズ】

伊：案件でガチガチの数学やらせて100万再生行けるのは自信になる。ふ：みんなのそのままの声で解説したくて編集がけっこう大変だった。

2019.3.27
ボツ

伊：語ることもあるまい。ふ：スティーブ・ジョブズはStevenでスティーブ・ウォズニアックはStephenだよな……と考えていたらミスってしまった。

2019.3.31
【全部ウソ】真逆クイズで爆笑wwウソ800クイズ【エイプリルフール】

伊：作ってて楽しかった。ふ：ムダに難易度が高い動画ね（笑）。クイズ界でのベタ度が低めの問題が多く、覚えてるとすげぇってなる問題群だった。

2019.3.3
【わかると超気持ちいい】東大生が文字種クイズに挑戦！！

伊：これ、ホントに気持ちいい。編集段階での仮タイトルは「漢 a.k.a. GAMI」。ふ：企画段階での名前は「MF文庫J」だった。

2019.3.9
【壮大ドッキリ】まさかの方法で東大生のスマホのデータ抜いてみた

伊：やべえ企画考えるなぁ。OKしたシマンテックさんもすごい。ふ：手間と時間のかかった壮大なドッキリ。河村・山本が上手いことやってくれた。

2019.3.13
【高ラ】高学歴ラップ選手権！東大生ならインテリな韻踏めるはず

伊：1年前から「高学歴ラップ略して高ラやりたいなぁ」とふくらさんが言っていた。ふ：作ったけど使わなかったのが「モデルチェンジ」と「米津玄師」。

2019.3.16
【超難問】伊沢を一番よく知るのは誰？第1回伊沢王

伊：東海オンエア大好きな俺たち。ふ：王シリーズの意味もわかってもらった上で、ただのクイズじゃん！というツッコミも視聴者さんに任せてる（笑）。

2019.3.21
高学歴男女で難問謎解き！リアル型脱出ゲーム【ゆきりぬ＆はなお】

伊：オフィスの引越しに伴い生まれた撮影専用ルームを活かした企画。手錠は普通に痛い。ふ：5カメの編集は大変だったけど楽しかった。

2019.3.24
全問題を丸暗記すればクイズ王に勝てるのか？【クイズ王への道】

伊：クイズ王への道はいつでも楽しい。ふ：須貝さんの良いところが出てる。「勉強」が得意なのはやっぱりすばらしいね。

2019.3.29
【中高生必見】東大クイズ王がアメリカの超名門ハーバード大を取材！どんな入試？どんな生活？【海外留学】

伊：この動画が50万回以上伸びたのが嬉しかったなぁ。ふ：こういう動画こそ人々の「学び」を支えるものであると思う。

2019.4.1
意識高すぎる元号決め会議

伊：台本・伊沢。撮影が上手くいかず動画のカット割りを僕がやりました。ふ：4分割の状態で編集。カメラ全てが見えないと上手く編集できないので。

2019.3.7
【暗記＆発想】東大生で神経衰弱しりとり！こじつけまくったら最強のヤツ出たww

伊：収録1時間でその間ずっと考えてるからやたら疲れた記憶。ふ：古賀政男の画像がパブリックドメインだった時はガッツポーズだった。

2019.3.10
灘中の入試2019に東大生が挑む！小学生より早く解けるのか！？

伊：灘シリーズ。川上が強すぎてもう、負け犬ボケしかできねえよ。

2019.3.15
【おめでとう！】合格した君へ。東大生からのメッセージ。

伊：ありきたりなことも大事よね。ふ：教え子（＝視聴者さん）の合格は本当に嬉しい。合格の喜びがコメント欄でシェアされてるのも好き。

2019.3.17
【世界最速】無限倍速クイズ【ついてこい】

伊：タイトルと内容が見事にマッチしている。最高。ふ：「よくわからないけどすごい」は今までもあったけど「よくわからない」だけで5分すぎるのは異例。

2019.3.22
【東大生苦戦】履歴書を書いて心が折れたら負け！【デルガード＋2C】

伊：収録大変だったなぁ……2時間かかったんじゃない？ふ：これもほとんどは河村の企画。ハサミに全員ビビるとは思わなかった（笑）。

2019.3.26
東大生の恋愛偏差値は？リア王〜恋愛知識 No.1決定戦〜

伊：リア王というタイトルに良い。言いたいだけじゃん！ふ：知識ガチガチの問題と最後まで聞けばわかる問題がバランスよく出題できていると思う。

2019.3.30
東大生が格の違いを見せつける動画

伊：格の違いについてのクイズってなんだよ！という。ふ：「格」に関するクイズじゃなくて「格の違い」に関するクイズを作ってるのがすごい。

2019.4.3
【地獄】スマブラしながら早押しクイズしたらヤバい展開に……

伊：やりたかったなぁ。川上に対抗できるくらいにはできるよ。ふ：一瞬何が起きたのかわからない時間があって、その直後に理解してめっちゃ笑った。

Mini Quiz A.22 シュヴァルツヴァルト 　　犬の名前ではない。(川上)

2019.4.5
最強の理系大学・マサチューセッツ工科大学生に東大クイズ王・伊沢が取材してみた![学部編]
伊：MITのみなさんが俺のためにたくさんクイズを作ってきてくれて、楽しかったなぁ。ふ：こういう発信は絶やすことなく続けていきたい。

2019.4.10
【東大生正解率0%】最強の超難問に挑戦！
伊：投票系、喋りすぎて負けがち。ふ：単純にいい問題対決ならグレースホッパーに軍配を上げたい。

2019.4.14
【さっき何答えたっけ？】全部暗記せよ！超記憶力早押しクイズ[新形式]
伊：これ、大変だろうなぁ。自信ない。覚えることだけに集中すればそんなに難しくないんだけど、早押しをおろそかにせずにやるのが難しい。

2019.4.19
【早押し】東大生ならダジャレも得意？ダジャレクイズ![異次元]
伊：基本的にはツッコんでればいいから演者としてはありがたい。ふ：これ30問くらいタイムレースでやりたい。

2019.4.23
【字短】短く答えて！文字を節約する早押しクイズ
伊：伸びたなぁ。いかにもなクイズで我々の良さが活きる。ふ：マイナスが発生する問題とか用意しておけばよかったって後から思った。

2019.4.28
クイズ王と野球経験者「クイズストラックアウト」したらどっちが勝つ？
伊：ボールが軽すぎただけで、その後のノックではちゃんと返球できてるぜ！という言い訳をしておく。ふ：ここまで外すのは想定外だった（笑）。

2019.4.6
【今さら】ホワイトデー【お返しはもちろん……】
伊：公開4月！ おせえ！ 収録ですらホワイトデーを過ぎていた。ふ：流行に上手く乗れないのもQuizKnockの特徴。

2019.4.12
東大生なら「日本人には読めないフォント」も読める？
伊：ふくらさんの創意工夫が光る動画。ふ：子音と母音の組み合わせから「ケロケロ」が一番面白いかなとか考えるのにけっこう時間がかかっている。

2019.4.16
【爆発注意】爆弾押し付けクイズ！裏切りと仲間割れの危険ゲームの結果は…？
伊：わざととは言え間違えるのは悔しいものよ。ふ：はなおゆきりん脱出企画の時にタロットカードのダミーで買った木製のQが爆弾として使われた。

2019.4.20
【早押し】どんどん答えが長くなっていく！文字数増殖クイズ[クレッシェンド]
伊：演者全体の対応力向上を感じる。ふ：文字数がわかると早押しがやりやすいというのはけっこういい気づき。クイズ体験会とかに応用できそう。

2019.4.25
【検証】クイズ王でもヤフー知恵袋のこれ無理じゃね？[異種イントロクイズ]
伊：問題探すのも作るのも超大変。なぜ正解できるのか自分でもよくわかってない。ふ：実は大前提に「フリー音源である」という縛りがある。

2019.4.29
3択クイズならぬ1択クイズ[奥深い]
伊：早押しの極意や構文判断がよく学べる企画。深い。ふ：深いねぇ～。これと日本人には読めないフォントの2企画作るだけで朝から晩までかかった。

2019.4.9
【最速】部首足し算クイズがハイレベルすぎた[ひらめき]
伊：山本はホント、漢字強いね。練習量なんだろうね。努力にまさるものなし。ふ：泥棒とか思いつける人間になりたいなぁ。

2019.4.13
【小学生VS東大生】名門・開成中学の入試2019に東大生が挑む！
伊：流石に勝ちたかったので良かったわい。ふ：わからなかったら一時停止やシーン戻しができるというYouTubeの強みも利用しつつ見て欲しい。

2019.4.17
【仮面ライダークイズ】東大生ならオタクにも勝てる？序盤だけライダークイズでガチ早押し[専門家？]
伊：出てないけど、こういうの知らなくても勝ちたいよね。ふ：公式が「仮面ライダークイズ」を出したんだからやるしかないな、みたいな企画。

2019.4.21
【あなたは東大生に勝てる？】曜日の漢字を足す熟語ひらめきバトル！
ふ：川上と山本に「消火栓ってあと点が2個で7曜日全部揃うよね」って話したら「僕もそれ思ってました」と。なんでみんな消火栓に注目してるんだ。

2019.4.27
【もんでぇ】問題文を悟空風に読んだらちんけーとう続出！[けぇとう]
伊：親友がサークルでやっていて思わず買取を申し出た良企画。ふ：ドラゴンボールは小学生の時に1周はしてるんだけどあんまり覚えてない。

2019.4.30
【東大王リスペクト】東大主3rd～超天才による最強頭脳No.1決定戦～
伊：第3章ともなると問題作るのが大変。カラオケ映像がナイス。ふ：撮れが多すぎてカット編集が大変に。オセロの線を描きまくる水上が上手い。

こぼれ話 PART4 2018.12～2019.4

伊 2018年の12月は当たり時期だった。「カルタ」とか「キャベツ」とか「インテリ大喜利」とか。みんなで企画をするようになってそれぞれが自分の企画を作り込めるようになったのが、年末最高のタイミングに良いかたちで出た。

ふ 正月の「スパルタン」とか「11人の壁」も好きでよく見てる。

伊 2019年1月3日までの流れは最高だね。そして、骨折しててオフィスにずっといたから「寝起き」も撮れた。

ふ あれは1年くらい前から準備してて。企画は河村が言い始めて、「いつでもできるように問題10問作っといて」と。それがようやく実現した。

伊 年明けは2月にオフィスの引越しもあったし、案件や動画以外の仕事が立て込んでいて、YouTubeにあまりリソースが割けなかった時期だね。企画があっても人が足りないという新たな壁にぶつかった。

ふ それで、動画以外の仕事もあるけど、だからといってYouTubeをおろそかにはできないから、と体制を見直して現在に至るというか。

伊 結果としてYouTuberらしからぬガチガチめな進行管理システムができた。そういう意味ではここもターニングポイント。平成の最後に、奥深い系の「1択クイズ」とかが出てきたのはいいね。

Mini Quiz Q.23 空間内にある2本の直線が同一平面上にない、つまり平行でなく交わりもしない位置にあることを何の位置という？ **答えは最終ページ**

外側から見た QuizKnock

お笑い芸人
GAG 宮戸洋行

2004年NSC大阪校27期生。2006年、坂本純一、福井俊太郎らとともにトリオ「GAG少年楽団」（現在はGAGに改名）を結成。精力的にライブ活動を行う。山里亮太＆蒼井優の結婚記者会見での司会も話題に。

01 QuizKnockを知ったきっかけは何ですか？また、それはいつ頃のことでしょうか？

2年ほど前にたまたまYouTubeのあなたへのおすすめにあがってたのを見たのが最初だったと思います。伊沢さんがGoogle Earth上のどこかに飛ばされて、周りの状況を見て居場所を当てる「クイズ王、居場所あてゲーム強すぎ!?」を見て「何て賢くて面白い人がいるんだ！」と思いその他の動画を見漁りました。

02 QuizKnockの好きなところや注目しているポイントを教えてください。

新たな企画はもちろん、既存の企画などに知性を入れ込むことでめちゃくちゃ面白いものを作られるところ。
そしてメンバー皆さんの個性。その2つが特に合わさった「東大生『朝からそれ正解』」シリーズは最高です。

03 イチオシのQuizKnockの動画・記事・企画は何ですか？

「【野菜嫌い】ふくらP、キャベツとレタスの違いわからない説」です。様々な企画を立ち上げ、クイズもめちゃめちゃお強いあのふくらPがまさか野菜が一切わからないとは。
全国のお母さん達の「野菜食べなアホなんで！」を見事に覆されてます。そんな中、漢字や植生、形状などから正解にたどり着くアプローチの仕方は感動を覚えました。
この動画にあまりに感動してSNSにあげたところ、紆余曲折あり、ふくらPと食事に行くことになりましたがお店選びとメニュー選びは苦労しました。

04 QuizKnockメンバーにメッセージや今後期待したいことがございましたらお願いいたします。

これからも動画だけではなくみなさん個人、会社の益々のご発展お祈りしております。
コント企画、女装企画、ツッコミ企画やる際はお呼びいただけるよう本業のお笑い頑張っていきますのでその時はよろしくお願いします。

ライタークイズ 超 PART1

出題者 伊沢拓司

クイズ作成者の一人として、「ある事実をどう成文化するのが一番面白いのか」というのはたいへん悩ましく、それでいて挑戦的で楽しい点です。
今回は最近の作品の中でも、上手に料理できた問題をいくつかご紹介します。

Q.1 サハラ砂漠やクーポン券のような畳語の体をなしている、井上陽水の『リバーサイドホテル』で「部屋のドアは」これであると歌われている謎のフレーズは何でしょう？

Q.2 ズバリ、こりん星の通貨単位は何でしょう？

Q.3 日本最南端のスキー場である五ヶ瀬(ごかせ)ハイランドスキー場のCMに登場する女の子の名前は、その特徴からなんとなく予想できるものです。さて、何？

Q.4 シャワーを浴びるのが気持ち良い「朝シャン」は「朝シャンプー」の略ですが、浴びるように飲みたい「モエシャン」は何という言葉の略でしょう？

Q.5 淡く緑がかった青色のことを、この色に見えることの多い液体にたとえて何色というでしょう？

073

ライタークイズ答

A.1 金属のメタル

A.2 もも

A.3 南ちゃん

A.4 モエ・エ・シャンドン

A.5 水色

[解説]
1. 気になりすぎるフレーズ。文の後半だけだと答えが1つに定まらないので、前半のフレーズで絞る。適切な成文化。
2. そもそも情報がなさすぎる架空の設定なので、もう「ズバリ」としてシンプルな面白さにフォーカス。今更感も素敵。
3. 関西圏の人ならCMを見たことがあるであろう五ヶ瀬。カンで当ててほしいので、前半にヒントを入れる形に。
4. 「だからなんだ！」という問題文。こういうのをたくさん作りたいですね。
5. 「水には色がないのに、なぜ水色？」というところからスタートした問題。「さっぱりわからん！」→「もしかして？」という思考の流れが楽しい。

ライタークイズ 超 PART1

出題者 **川上拓朗**

Q. この画像は、どんな誰？

A グレースケールの グレース・ケリー

[解説]
グレース・ケリーは、アメリカの映画女優。映画「喝采」で1954年のアカデミー主演女優賞を受賞するなど、1950年代のハリウッドを代表する女優でした。が、1956年にモナコ大公と結婚、女優業を引退しました。グレースケールは、灰色の濃さで色を表現する方法のこと。

グレース・ケリーという名前を聞いたときに「グレースケールと似てるな」と気付いて思いついただけの問題です。

出題者 **河村拓哉**

最小単位として、クイズ1問1問でどれだけできるか、とは考えたいテーマであり続けます。

Q.1 日曜夕方の「笑点」で、第2016回放送で大喜利メンバーに加わり、2016年には司会者に就任した落語家は誰？

Q.2 連載期間中に明治天皇の三回忌を迎えている、「先生」が明治の精神に殉じるまでを描いた夏目漱石の小説は何？

A.1 春風亭昇太

A.2 『こゝろ』

[解説]
1.2016が重なる事実自体を自力で発見した問題。クイズプレイヤーはオモシロ事象に飢えているので必然的にウケます。
2.三回忌の日取りを調べて未出の前振りを付けましたが、内容とうまくリンクできたので本質ヅラさせています。

ライタークイズ 超 PART1

出題者 **ふくらP**

この2問はきっと、既にあなたの頭の中に答えがあります。重要なのはこれまで獲得した全ての情報を上手に思い出せるかどうか。何秒でも何分でも何時間でもかけてトライしてください。

Q.1 あなたは今までの人生で何度も以下の2点を満たす看板を目にしています。
・「せん」とひらがなで書かれている
・「せん」の前後の文字は漢字で書かれている
さて、そのような看板とはどういう看板でしょう？

Q.2 「駐車場」という言葉には「ゃ」「ゅ」「ょ」が全て含まれています。ただし使われているのは「ゅ」「ゃ」「ょ」の順ですね。では、「ゃ」「ゅ」「ょ」が**この順番**で使われている言葉を1つ答えてください。正解は1つではありませんが、10文字以下で見つけられたらかなりスゴイ！

ライタークイズ 答

A.1 薬局の「処方せん受付」
A.2 武者修行

誰もが知っている言葉を今までにない切り口で出題するのって僕すごく好きなんです。「脳から必要なデータを取り出す能力」だけが要求されていて、いわゆる「知識量」はほとんど関係なくなるんですよね。2問ともあくまでも「正解の一例」ですので、何か別の答えを見つけた人は僕に教えてください。

[解説]

1.「処方箋」と漢字で書かず「処方せん」となっている看板は意外と多く、あなたも必ず目にしているはずです。他には「当せん金」や「当せん番号」のように当籤の「籤」をひらがなにしているものもありますが、看板として見かけるのは薬局の方が多いのではないでしょうか。「出来ません」のような「せん」を探してみても、これは「ます」の否定の「ません」なので必ず前に「ま」が入ってしまい、今回の条件を満たす看板にはなりません。

2.武者修行には綺麗に「ゃ」「ゅ」「ょ」が入っています。その他の解答例としては、税金の1種である「自動車重量税」、SNSで就活する「ソーシャル就職」など。かなり見つけるのは難しいかなと思います。ちなみに「立体駐車場」は「ゃ」「ゅ」「ょ」に加えて「っ」まで含まれています。

ライタークイズ超 PART1

出題者 **山森彩加**

前作でもテーマにした「趣味で知識を得るクイズ」。前回は「アイドル」を題材にしましたが、今回は「仮面ライダー」です!

Q. 2017〜18年に放送された「仮面ライダービルド」。
主人公が変身する仮面ライダービルドの最強フォームは「ジーニアスフォーム」です。では、「ジーニアス」の意味は?

A 天才

[解説]

「仮面ライダービルド」でビルドに変身するのは、「天才物理学者」の桐生戦兎(きりゅうせんと)。毎話オープニングのあらすじ紹介では「天才物理学者」と名乗っており、ビルドの強化フォームはすべて戦兎本人が研究・開発したもの。「つくる」を意味する「build（ビルド）」の名にふさわしい主人公です。そんなビルドの最強フォームは「天才」を意味する「genius（ジーニアス）」。「天才物理学者」ならではのネーミングですね。

ちなみに、放送当時は「早押しクイズの問題文で『天才物理学者』と聞こえたら、大体答えは『仮面ライダービルド』」と言われていたとか。アインシュタインとかも天才だけど、普通は「天才」って付けないよね、ということらしいです。山本に聞きました。

ライタークイズ 超 PART1

出題者 **須貝駿貴**

Q. 2001年に日本のグループによって超伝導を示すことが発見され、世界的学術雑誌「Nature」に掲載された「MgB$_2$」という物質。
これがまさかの超伝導物質だったことへの驚きを込めて「Nature」のライターは何にたとえて紹介したでしょう？

1. ジーニー（アラジン）
2. セバスチャン（リトルマーメイド）
3. 野獣（美女と野獣）
4. スティッチ（リロ・アンド・スティッチ）

ライタークイズ 答

A ジーニー（アラジン）

[解説]

「Nature」はこの物質を紹介するときの見出しとして"Genie in a bottle"を採用しました[1]。通販で買えるようなみんながよく知っている物質が、まさかの超伝導物質だったことに驚きを込めた表現です。どこにでもあるランプから魔人が飛び出すような衝撃があったのでしょう。

ちなみに選択肢はすべて山寺宏一さんが声優を務めたディズニーキャラクターです。確かによく聞けば同じ声なのですが、まったく違った印象を受けます。プロの演技力は素晴らしいですね。リロ・アンド・スティッチが2002年公開であることを知っている方にとってはこの問題は3択だったかも？

[1] R.J.Cava, "Genie in a bottle", *Nature* **410**, 23-24(2001).

ライタークイズ超 PART1

出題者 **こうちゃん**

競技クイズに出がちな「〜ですが、(ますが、)」をマスターしよう！　私、「〜ですが、」が好きなんです!!

Q.1 2人で話すことを「対談」といいますが、3人で話すことは何というでしょう？

Q.2 鎌倉時代に起こった二度の元寇で、先に起こったものを「文永の役」といいますが、後に起こったものを何というでしょう？

Q.3 四国にある県で、香川県の県庁所在地は高松市ですが、愛媛県の県庁所在地はどこでしょう？

A.1 鼎談(ていだん)

A.2 弘安の役

A.3 松山市

[解説]
1. 「鼎」という字には「三者が向き合って並ぶこと」という意味があります。鼎談の他にも、3つのものがぶつかることを表す「鼎立」で使われています（2つの場合は「対立」ですね）。知ってるとちょっとかっこいい！
2. 「鎌倉時代に起こった二度の元寇で、」まで聞いたら、先→後の順に問うのが自然と考えて、弘安の役が正解かな？ と推測できます。毎回そうなるわけじゃないですけどね。
3. 残る四国の県である高知県と徳島県は、県名と県庁所在地名が一致しています。「徳島県の県庁所在地は？→徳島市」という問題はありえなくはないですが、先に香川県について言及しているなら、県名と県庁所在地名が異なる愛媛県を聞いてくるかな？ と推測できますね！

ライタークイズ 超 PART1

出題者 山本祥彰

僕の得意ジャンル「漢字」にまつわるクイズです！

Q.1 「柄杓（ひしゃく）」という意味がある4画の漢字は何？

Q.2 下の ? に同じ漢字を入れてできる熟語は何？

? ? 束

Q.3 同じ漢字で、「あしか」「とど」「せいうち」「たつのおとしご」と読むことができる漢字二字は何？

A.1 斗

A.2 辛辣(しんらつ)

A.3 海馬

「ジャンルを絞った上でどれだけ多角的に問題を作ることができるか」という点は、僕の永遠の課題であります。1問でも多く僕にしか作れない問題を作りたいものです。さて、「漢字」のジャンルといえば、読み・書きを問う問題が多いと思いますが、今回の問題では、なるべく皆さんが見たことのないような問題を作ってみました。皆さん解けましたか？

［解説］
1. 「北斗七星」の「斗」です。「ひしゃく」というワードから「北斗七星」が連想できるかが鍵です。
2. 正解は「辛辣」です。どちらの漢字も部首は「辛」です。
3. 「かいば」（脳の部位）や、「うみうま」（タツノオトシゴの別名）とも読みます。一つの熟語でこんなに読み方があるのか、という驚きから作った問題です。

裏方は見た!

QuizKnockを支える裏方たちが、近くにいるからこそわかるメンバーの知られざる生態を公開!! デザイナーO氏が見た、伊沢拓司と河村拓哉の姿とは!?

目撃者 デザイナーO

伊沢拓司を見た! プロテインが口癖に……

QuizKnockを始めた頃は、文字通り知性あふれる「東大の知識モンスター」だった伊沢だが、筋トレ好きのエンジニアFの影響を受けて、最近では暇さえあれば「プロテイン……プロテイン……」と言うようになり、脳まで筋肉になり始めていないか心配になる。その知識と理解力の高さから、トレーニングや栄養素に関する話にも無駄に説得力があり、そのうちQuizKnockでジムを開きたいと言い始めないか不安。

河村拓哉を見た! 寝食を忘れて固まることも

独特の世界観を持った企画を作り上げることにこだわる河村は、一度企画を考え始めるとクオリティを追求するあまり時間を忘れてしまうことがしばしば。ある日、私がオフィスを最後に出たときに新しい企画を考え込んでいた河村の体勢と、翌朝オフィスに来たときにそこにいた河村の体勢が同じだった。その後、まだ企画に納得はいっていないようだが、寝ることを思い出したのか急に家に帰っていった。

COLUMN

QuizKnockの記事ができるまで

山森彩加

このコラムでは、WEBメディア「QuizKnock」に掲載している記事がどのような流れで生み出されているかを解説します。

1. 記事のテーマ決定

編集部員は、「ふとした疑問」や「おもしろいと思った事柄」などを、記事にできるひとつのテーマに落とし込む、という作業を日々の生活の中で行っています。

QuizKnockのライターは、出自も所属もバラバラであり、それぞれの得意分野や興味関心は全く異なります。ですので編集部では、それらライターの特性を踏まえて「この人にこのテーマを依頼しよう」という判断をしています。

2. ライターの執筆

テーマが決まってからどのような手順で記事を執筆するかはライターそれぞれなので、ここでは一例を紹介します。

まず、編集部から提示された例題なども参考に、どのようなクイズを出題するかを考えます。そして、揃えたクイズを難易度順に並べていきます。クイズ番組でもそうですが、一般的に「最初は易しめで徐々に難しくなっていく」という流れが理想的ですよね。

そうして並べたクイズに、解説を書いていきます。このとき、周辺知識も含めて「もっと楽しめる」「もっと理解を深められる」「もっと身近に感じられる」解説を書くことを心がけています。正解／不正解の一歩先をどう作り出すか、常に考えているのです。

3. 編集者による編集作業

執筆後、原稿は編集者に納品されます。ここで編集者が確認するのは大きく3つ。「そもそもおもしろいか」「クイズの難易度は適切か」「解説の文章はわかりやすいか」です。

WEBの記事に限らず、より多くの人に最後まで読んでもらうために最も重要な要素が「おもしろさ」です。ゆえに、まず「一読しておもしろかったかどうか」を厳しくチェックしています。

クイズの難易度は、大きく「記事の扱うジャンルにおけるクイズそれぞれの難易度」と「1記事の中での相対的な難易度」の2つに分けられます。私は編集をしていて、「ライターの知識が豊富すぎて、難易度感覚が一般の人とずれている」と思うことがあります。多くの人が「わかる」「わかりそう」と思える入り口を用意し、段階を踏んで、読み終わったときには新しい学びを得ている。そのような、

① 記事のテーマ決定 → ② ライターの執筆 → ③ 編集者による編集作業 → ④ 校閲者によるファクトチェック

流れを作り出すのが、編集の仕事です。

また、解説の文章がわかりやすいかどうかも、ライターの難易度感覚に依存するものです。「ワードの意味がわからない」「必要な前提知識が難しすぎる」などをフィードバックすることで、噛み砕いてもらったり説明を付け足してもらったりします。

もっとも難易度が不適切なクイズや、そもそもクイズとしておもしろくないものは、編集段階で容赦なくカットして作り直してもらいます。QuizKnockのおもしろさを担保し続けるためには、ここで「妥協してはいけない」のです。

4.校閲者によるファクトチェック

QuizKnockは、たくさんの人が読むメディアです。記事内に事実の誤りがあってはいけません。記事を書くにあたっては、その情報の出典を明確にし、ライターと編集部で共有します。校閲者はそれを確認して、「そのソースは信用してよいのか」「ソースと記事の内容が正しいかどうか」を判断しています。

内容に誤りがある箇所や、誤解を生む表現が書かれた箇所を指摘し、適切な文章に修正をしてもらうのがこの工程です。

5.校正者による文章の磨き上げ

校正者は、基本的に誤字・脱字・衍字などのチェックをします。また、「文脈のつながりがおかしくないか」「使われている単語は適切かどうか」なども見ています。

全体を見たときに読みやすい文章であるかどうかから、句読点の位置や数、修飾語の位置関係などミクロな部分まで、文章の美しさを整えることが主な仕事です。

6.世間の話題に合わせた公開スケジュール

一連の作業が終了すると、次は公開日の決定です。「芸能」「ネット」「時事」などあらゆる側面から、「世間で話題になっていること、なりそうなこと」を判断し、そのうえで前後に公開される記事との間で難易度やジャンルなどに偏りが出ないように調整して、公開予定を組みます。

7.公開前の最終チェック

公開日が決まったら、記事の最終チェックをします。時事的問題がないか、デザイン面の不備がないかを一通り確認します。

しかしそれだけではありません。ある意味で一番重要な記事の「顔」、すなわちタイトルとサムネイル画像を作る作業もこの段階で行います。

8.いよいよ公開

長い工程を経て、ついに公開です。記事の公開情報をSNSで告知し、作業はすべて終了。

クイズの結果をTwitterで共有できるので、他の読者さんやライター陣とも点数で競えるのがQuizKnockの良いところ。たくさん記事を読んで、たくさんクイズを解いて、楽しみながら新たな知識に出会ってくださいね。

❺ 校正者による 文章の磨き上げ　❻ 世間の話題に合わせた 公開スケジュール　❼ 公開前の 最終チェック　❽ いよいよ 公開

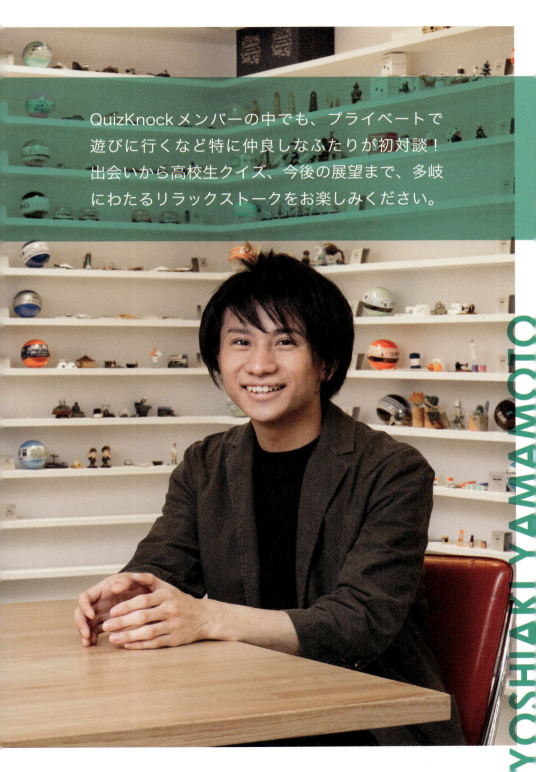

QuizKnockメンバーの中でも、プライベートで遊びに行くなど特に仲良しなふたりが初対談！出会いから高校生クイズ、今後の展望まで、多岐にわたるリラックストークをお楽しみください。

YOSHIAKI YAMAMOTO

QuizKnock加入の
それぞれのルート

――おふたりは、QuizKnockにどのような経緯で参加することになったのでしょうか。

こうちゃん（以下、こう）　入った時期は、ぎりぎり僕の方が先。2カ月くらいの差かな。

山本祥彰（以下、山本）　ほぼ同時期だよね。

こう　僕は2017年の5月くらいに「QuizKnockのメンバーにならない？」と川上さんからいきなり言われた。川上さんとは東大クイズ研究会（TQC）で一緒で、けっこうしゃべるほうだったんだよね。ちょうどQuizKnockがYouTubeを始めた頃で、「東大主」とかの動画がすごく盛り上がっていて、面白いなと。執筆した最初の記事が出たのが6月くらいのはず。

山本　へぇ！　知らなかった。よく考えたら、こうちゃんのQuizKnockに入る前のこととかあんまり知らないかも。僕がQuizKnockに入ったのは、もともとふくらさんと知り合いで。

こう　へぇ！

山本　知らないよね（笑）。早稲田の先輩とふくらさんの仲が良くて、先輩経由で一緒にクイズをする機会があった。初期メンバーはふくらさん以外とは知り合いじゃなかったんだけど、「東大王」に出演経験があったから、伊沢さんと接点があるといえばあった。そこに、ふくら

さんから「記事書かない？」と声をかけてもらって、それで入ったのが2017年の8〜9月頃。

こう　ふくらさんつながりだったんだ。

山本　そう。

こう　じゃあ、ふたりとも伊沢さんとはあまり関わりがなかったんだね。

山本　伊沢さんは別枠というか、テレビに出ている人っていうイメージだった。

こう　QuizKnockに入る前の伊沢さんとの接点は、TQCで見かけて「あっ、伊沢さんだ！」っていう一度だけ。QuizKnockに入った後も、まだライターしかしていなかった頃は、伊沢さんとは記事のやりとりだけだった。テレビに出てる人が、記事ができたら送る人になった。

山本　入った初期は、伊沢さんLINE返すのけっこう遅いなって思ってた（笑）。相談しても返事が来ないから、どうしたものかと。

こう　Slackでやりとりするようになってからはスムーズになったよね。伊沢さん、Slackの返信は早いから、LINEが苦手なんだと思う（笑）。

ジェネレーションギャップが
ないふたり

――おふたりはQuizKnockメンバーになってから出会ったとのことですが、お互いの第一印象はどうでしたか。

こう　最初に会ったのは、YouTubeの「朝からそれ正解」シリーズ（動画タイトル：東大生10人で「朝からそれ正解」したら爆笑すぎwwwww【#1】）の撮影の時。普段の動画メンバー以外の人も参加する撮影だった。

山本　そう。そこが初だった。

こう　山本さんは、「あの人、この前のクイズ大会にいたなぁ」みたいな印象だった。撮影が始まってからは、すごいバンバン正解出す人だなぁと思って尊敬してた。

山本　初めの頃は調子が良かった（笑）。
こう　最初が一番、調子良かったよね（笑）。「師走」とかね。
山本　僕はその時のこうちゃんの印象ってあんまりなかった。人数も多かったし、たぶんしゃべってもないはず。強いて言うなら、東大生なんだという印象。
こう　僕らや他のライターもそうだけど、その撮影で初めて編集部のメンバーと会った。だから、確かに僕も、いろんな人がいたなぁみたいな印象だったかも。
山本　撮影のときに早稲田は僕ひとりで、ふくらさんを除けばみんな東大で。少し、アウェーな感覚があったかもしれない。
こう　よく考えたらそうか。初対面の時はそんな感じで、編集部に入ってから仲良くなった。僕は2018年の1月くらいで、山本さんが4月くらいかな。
山本　謎解きを集中的に作らないといけない期間があって、その頃からオフィスによく通うようになった。それがきっかけで会議にも参加するようになって、編集部にも入ることになった。
こう　編集部の中で、長らく自分が最年少だったんですけど、山本さんは僕の1個上だから比較的年齢が近かったのが、よく話すようになったきっかけかもしれない。「平成ホイホイ」（動画タイトル：【平成ホイホイ】この頃何があったか覚えてる？東大生がピタリ連発）という僕が企画した動画があって、そこでも感じたのが、動画メンバー内のジェネレーションギャップ。山本さんとは文化も近い感じだから話も合うし。
山本　僕から見ても、こうちゃんが唯一の年齢が下の後輩で。
こう　確かに。
山本　で、いじりやすい（笑）。コミュニケーションが取りやすいのが大きい気がする。プライベートで一緒に何かするのは、いまのところこうちゃんくらいかもしれない。

動画でできない
ドラゴンボールクイズ

——ふたりで遊びに行くこともあるとのことですが。

こう この前はふたりで一緒に謎解きアトラクションに行きましたね。あとは、TQCの活動で、僕がクイズを企画する時にゲストで山本さんに来てもらったりとか。

山本 逆に、僕が問題を作る早稲田の大会に、こうちゃんにゲストで来てもらうこともある。

こう クイズ研究会って、本当にクイズばかりやるんですよ。企画者の色が出るというか、こういうクイズは楽しいんじゃないかというのをみんながいつも考えている。僕の場合は、例えば問題文はめちゃくちゃ長いんだけど、答えはめちゃくちゃ簡単みたいな企画を考えたりしていて。ルールも普段はやらないようなのを考えたりする。

山本 動画だと長過ぎてできないルールもけっこうあるんですよ。例えば、問題数がたくさん必要なルールだと、動画が30分になるから無理みたいな。

こう そうだね。

山本 クイズ大会でしかできないクイズというか、そういうのをよくやるので、実際に見たら動画とけっこう印象が違うかもしれない。この前やったのに1〜7までの数字を全部揃えると勝ちというルール。答えの中に含まれている1〜7までの数字を集めて、神龍（シェンロン）を呼べたら勝ち、みたいな（笑）。

こう ドラゴンボールルールね（笑）。

山本 もちろん、答えの中に複数の数字が含まれるものもあるんですよ。でも、効率良くやっても5回くらいは正解しないと勝てないルールなので、動画だとちょっと長い。

こう クイズ研究会では、みんなが色々なアプローチで、ユニークなクイズのルールを考えているんですよ。僕はみんなが喜んでくれるようなことを考えるのがもともと好きなので、自分の考えたクイズが周りにウケた時は本当に嬉しい。

山本 問題の方も一問一問、時間をかけて作っているから、着眼点とかを評価してもらえると嬉しいよね。

こう 時にはスベることもあるけど、がんばってスベらないようにしてますよ（笑）。

山本 たまに反応が良くなかった時は、問題を読み終わった後とかに、ちょっと補足することがありますね。これこういう意味なんだよ、みたいな（笑）。

知られざる高校生クイズの
エピソード

こう あと、僕は司会進行や雰囲気作りでどう場を盛り上げるかも考えながらやっています。最近クイズ研究会も人が増えているので、60

人とか70人に対して、全員が満足できるようにと考えると、やっぱり問題だけじゃなくて、雰囲気から楽しくできるかも大事なんですよね。
山本　早稲田も含めてクイズ研究会に人が増えているのは、QuizKnockの影響が少なからずあると思います。クイズ全体が盛り上がってくれるのは嬉しいですね。そういえば、僕らってクイズや謎解きと関係ない遊びは全くしてないね。
こう　してないしてない。なんでだろう（笑）。ふたりともクイズが好きだから、何かやろうとするとクイズになっちゃうのかな。
山本　バーベキューよりもクイズのほうが楽しい。
こう　お金がかからないし、すでにある問題を使えば時間がかからないのも、クイズの良いところ。でも、大学からクイズを始めた自分がこまでのめり込むとは思っていなかった。僕らふたりは、クイズを大学から始めたという点でも共通しているんですよ。山本さんは高校生クイズでいいところまで行ってたけど。
山本　高校生クイズでは予選を勝ち抜いて全国大会にも出場したけど、特にクイズの勉強はやっていなかった。知力・体力・時の運なので、3分の1は運で突破できるだろうと思ってた（笑）。
こう　僕も高校生クイズは参加していたんだけど、予選落ち。山本さんは全国大会の準決勝ま

で行ったんだっけ。
山本　そうだね。決勝の手前まで。他の高校はクイズ研究会の人だらけになっていて。
こう　あっ、ニューヨークまで行ったって言ってたっけ。
山本　そうそう！
こう　あの回か！　ニューヨークのスタジアムで走り回っていた回！
山本　スタジアムでは、クイズの入った封筒がフィールド上にばら撒かれていて、どれかひとつを取ってきてホームに戻ってくると中に入っている問題が出されるという形式だったんだけど、僕たちのチームが走って取ってきた封筒にはハズレばっかり入ってて、肝心のクイズを全然出してもらえなかった（笑）。その結果、あんまりクイズに挑戦させてもらえずに負けちゃったんだよね。
こう　当時観てたなあ。あの人、ハズレ引きまくってるなと思ってたけど、あれが山本さんだったと。こういうの、後からわかるんだよね。大学でクイズ研究会に入ると、「テレビで観たあの人」みたいなことがけっこうある。
山本　クイズの人は、けっこうテレビ出てるからね。

ソフトなメンバー裏話!?

——伊沢さんからメンバーの暴露話や裏話もぜひと言われています。

こう　なんだろう……。僕と山本さんとふくらさんの3人は、本当によくクイズの話をするんですよ。この前もサンリオのクイズに取り組んでいて。

山本　ああ（笑）。

こう　何か話題があると、それをどうにかクイズに落とし込もうとがんばるみたいなことがよくある。

山本　サンリオのキャラクター大賞が開催されている時期に、サンリオのキャラクターをたくさん覚えようという話になったんですよ。

こう　覚えるために強引にお互いにクイズ出し合うことが、特に僕らとふくらさんは多い。すごくどうでもいいことをクイズに絡めるのが好きで、ずっとやっている。

山本　空き時間があるとすぐそうなる。

こう　伊沢さんとかは、意外にクイズの話はしないからね。伊沢さんとか川上さんとか、中学からクイズをやっていた組より、僕らみたいな大学スタート組のほうが、すぐにクイズの話をしがちで。

山本　伊沢さんより、須貝さんのほうがクイズの話するよね（笑）。

こう　そうそう（笑）。須貝さんは、クイズをやってこなかっただけで、もともとの知識とか教養が豊かなんですよ。普通に接していても、やはり須貝さんすごいなと思うことがあるくらいで。クイズ研究会の人たちとは、普通だったら会話についていくことも難しいと思うのに、須貝さんは素でも知識が豊富だから、むしろ僕らが聞き入ってしまうことが多い。

山本　それでいて新しい知識への情熱も持っているから、知らないことでもすぐ吸収するっていう。しかも記憶力がめちゃめちゃ良くて、動画で出てきたワードとかもとてもよく覚えている。

こう　そうそうそう（笑）。

山本　この間も、ブズカシを普通に覚えてた。

こう　アフガニスタンの国技であるところのブズカシね。クイズで出がちですから。

山本　それを須貝さんが言うのにビックリした（笑）。記憶力だと、ふくらさんは覚えるべきところしか覚えないので、かなり特殊。引っ越しして からしばらく経っても、新オフィスから最寄り駅までスマホの地図なしでは行けなくて。途中にあるコンビニとかを全く覚えていないから、地図がないと帰れない。信号とかも全然把握してなくて、普段から本当に情報を取捨選択しているんだなと。

こう　ふくらさんっぽいけどそれはヤバイね（笑）。あと、これは暴露でもなんでもないけど、この前、僕ら、ふくらさん、川上さんの4人でクイズをやったら朝の4時半まで終わらなかったことがあった。

山本　あのときのテンションは異様だったね。クイズ好きはずっとクイズをやりがちなので、クイズをして家に帰ってから、アプリでまたクイズをすることも全然ある。

こう　あるある。クイズのすごいところは、誰でもクイズをやればやるほど成長するんですよ。問題はもちろん、コツとかも覚えるし、損はないかなと思ってずっとやってしまう。

——QuizKnockでは山本さんが謎解き問題をたくさん作っているとうかがっていますが、クイズと謎解きは作問のスタイルがかなり違うものなのでしょうか。

山本　謎解きって時間かかるんですよね。思いつくまでやらないといけないというか。クイズはある程度時間のメドが立つんですけど。謎解きの作問が僕の生活のウェイトを占めている感じはちょっとありますね。

こう　僕も謎解きを昔作ったことあるけど、自分は作るのに向いてないなって思った（笑）。

山本　クイズと全然違うからね。

こう　量をこなしていないというのもあると、謎をコンスタントに作り続けている山本さんはすごいと思う。

山本　実は、けっこう謎解きの才能あるなっ

100

自分でも思ってる（笑）。
こう　いや、本当に。編集部だと謎解きを作る人は山本さんのイメージ。
山本　川上さんは謎解き制作集団のAnother-Visionに所属していたのでもちろん謎解きを作れますけど、いろんなところに謎を納品するタイプの依頼は、だいたい僕がこなしています。

QuizKnock動画史上に残る名シーン

――好きなクイズが仕事でもあるという現状はどう思われていますか？

山本　根本の話として、好きなことが仕事として成り立っているのは嬉しい。僕は昔からテレビ番組の問題を作るバイトもしていたけど、その時はクイズ作家を生業としている人はほんの一握りだった。
こう　僕もまさか自分が仕事として好きなクイズを発信する立場になるとは思っていなかったので、QuizKnockとは運命の出会いだったのかもしれない。そもそもYouTuberの動画をそんなに観ていなかったし、自分が出演して動画でダンスをするとかはさらに想定外だったけど（動画タイトル：【検証】東大生なら10分でダンスの振付け丸暗記できるのか？）。
山本　僕は逆にYouTuberの動画をけっこう観ていた。
こう　山本さんはそうだよね。

山本　でも、僕もまさか自分がその立場になるとは思ってなかった。VTuberの先駆けのキズナアイさんとコラボできたのはめちゃくちゃ嬉しかったですね。
こう　ちょうどその時、僕は教育実習だったからいいなぁと思いながら観てたよ。もちろん教育実習も楽しかったんだけど、それはそれで行きたかった。
山本　そもそも、僕が動画に出るようになったのもたまたまで。動画撮影日に謎解きを作る関係で僕がオフィスにいて、河村さんが来られなくなったとのことで、急遽代打で出ることになった。
こう　そうそう。誰かひとり入ってみたいな感じで。5人必要な企画だったんですよ。
山本　それまでも「朝からそれ正解」シリーズには出ていたけど、普通の動画は初めてだった。あの時、河村さんが欠席じゃなかったら今みたいに頻繁に動画には出ていなかったかもしれない。
こう　ネプリーグのファイブリーグ風クイズで、司会と解答者5人が必要な企画だった（動画タイトル：東大生達でネプリーグ！ガチンコクイズ1問も間違えず10問到達なるか…？）。
山本　その1本目の動画でね。盛大にやらかしました。
こう　5文字の答えを5人が1文字ずつ担当する

101

クイズなんですけど、最後の文字を担当する須貝さんにヒントを伝えようとした時に、山本さんが、「最後が『る』」ってストレートに答えを言っちゃって（笑）。あれはQuizKnockの動画史上に残る名シーンですよ。

山本　それが逆に評価されたみたいで（笑）。それから動画に出ることが増えました。

YouTuberとしての生活

—— **YouTubeに出始めて、やはり声をかけられることは増えましたか？**

こう　増えましたね。僕は素直に嬉しいなと思っています。こないだ、牛タンが食べたくなって牛タン屋さんに並んでボーっとしていたら、急に声をかけられてビックリした。並び方が悪くて、何か怒られるのかなと思っちゃって。そうしたら「いつも観てます」と言われて、なんだ良かったみたいな。

山本　僕も先日、マックでポテトを食べながらパソコンをいじっている時に声をかけてもらった。握手を求められたのだけど、手がポテトの油でベトベトだから申し訳ないけど断るしかなかった（笑）。

こう　それは面白い（笑）。あとは、春の新歓の時とかに大学に行くと、すごく声をかけられるようになった。嬉しいのは、「QuizKnockが

受験の心の支えだった」みたいに言われること。いつもありがとうって気持ちになりますね。

山本　受験期にQuizKnockのYouTubeだけ観ていたって人はけっこう多い。QuizKnockなら親も許してくれるだろうみたいなのがあるみたいで。

こう　動画でやったことが本番で出るかもしれないからね。

山本　教育実習では生徒さんから何か言われた？

こう　担当した生徒さんたちの親御さんから「動画観てます」と言ってもらえて、「今日に先生としてやっています」と挨拶していた。授業で意識的にクイズ形式を取り入れた時は、問題文を読んだ時に『あの動画の読み方だ！』という反応をもらって楽しかったですね。前日にやった授業の振り返りを、クイズで出していたんですよ。

山本　面白いね（笑）。見に行きたいな。それに、視聴者さんと生でコミュニケーションを取る機会もそんなにないもんね。

こう　さすがにもう教育実習する機会はないかな。僕はFairWindという東大ツアーなどを企画するサークルにも所属していて、高校生に大学を案内したり、地方で東大のプレゼンをする活動をやっているんですけど、そこでも声をかけてもらえますね。東大を案内した高校生が、合格してクイズ研究会に入ってくれたりするので、やはりQuizKnockの影響は大きいなと感じます。

ふたりが選ぶ会心の動画とは!?

——ちなみに、自分が出演した会心の動画は？

こう バランスを考えると、「天才小学生」かなあ（動画タイトル：天才小学生だけの学校で早押しクイズ大会）。僕と山本さんと川上さんの3人でやったSnapchatの子供顔フィルターを使った動画なんですけど、カメラの使い方にみんな苦戦して、割と撮影が難航しまして。その一方で、僕も含めてみんな上手くしゃべれたので、会心というか、上手くいった感はありますね。ちょうどその時、伊沢さんがいなくて自分がボケたんですが、それがハマったかなと。

山本 僕は「早慶対決」かな（動画タイトル：あなたはひらめく？あるなしクイズで早慶IQ対決！【慶應にあって早稲田にないもの】）。僕とライターの三守さん（K.Mimori）がふたりで出ている動画です。伊沢さんはいないし、三守さんも動画は慣れていなかったので、めちゃめちゃがんばった記憶がある。

こう あれ、めっちゃ山本さんしゃべるなって思った。

山本 伊沢さんがいないほうが僕上手いんじゃない？　と思うぐらい自分の中ではいいパフォーマンスができた。今はもっとステップアップしていますけど、当時の動画の中だと群を抜いて僕の出来は良かったと思います。

——企画者として会心の出来だった動画も教えてください。

こう 僕は「ですがですがクイズ」ですね（動画タイトル：【先読み】クイズ王なら「ですが」が10回入ってても正解できる？超超ですがクイズ！）。中でも、これは盛り上がるだろうと思って入れた、「山手線を内回りに乗る時、●●の次は●●ですが、●●の次は●●ですが……」と延々と駅を飛ばして答える問題があったんですけど、みんな思い通りの反応をしてくれたんで、動画のプロデューサー側としてちょっと自信になりましたね。

山本 あれは問題の作りがすごく上手かった。

103

こう　問題にこだわって作った甲斐があったので、プロデューサー側としても今後、もっと面白いものを作っていこうと思いました。山本さんは？

山本　僕はいま、毎週1本動画の企画を出していて。会心の動画は、バズらせようという意志を持って企画した「存在しない漢字ドッキリ」（動画タイトル：【ドッキリ】東大クイズ王なら存在しない漢字に気づくのか）ですね。ロジカルに考えた結果大ヒットしたので、めちゃめちゃ気持ちよかった。絶対に100万再生をすぐに達成するような動画を作ろうと思って、どんな内容が伸びているのかをリサーチして。その中で、はなおさんが伊沢さんに仕掛けたドッキリ（動画タイトル：東大王にリスニングの途中で英語からフランス語に切り変わるドッキリ！！やってみたら東大王がまさかすぎる失態wwww）があって、それが600万再生を超えてものすごく伸びているんですよ。伊沢さんへのドッキリであれだけ伸びるってことは、僕らも伸ばすことができるはずだと思って、ドッキリの内容を考えた。はなおさんの動画では英語からフランス語となっていた部分を漢字に落とし込んだんですが、それが上手くハマってくれました。伊沢さんのスキルにも驚くし、テロップも面白いので気に入ってます。

こう　実は今朝もその動画観てきた（笑）。考えた山本さんもすごいし、伊沢さんのパフォーマンスもすごいし、編集もすごい。伸びるべくして伸びた感がありますよ。

このメンバーがいる限りは
簡単に負けない

——最後に、今後の抱負や意気込みをお聞きします。

山本　僕はにっこう周りから、QuizKnockが今は成長しているけど、3年先とか5年先とかどうなっているかわからないよねと言われることが多いんですよ。でも、僕の視点からだと、このメンバーがいる限りはそんなにたやすく負けないぞという感じですね。みんながびっくりするぐらい大きくなれると思っているので、これからに期待してください。たとえば、YouTubeという枠を越えて、全国規模でのイベントを開催するとか。日本全国、はたまた世界各国を舞台にした謎解きイベントなんかを将来的にできたらいいですね。こうちゃんは？

こう　QuizKnockはずっと楽しく学べるをコンセプトにやってきているので、この本もそうですけど、みなさんが少しでも知識を得たり、考えたり、勉強したりすることに対して前向きなイメージを持ってくれれば、僕はもうそれだけで嬉しいです。僕個人の目標としては、須貝さんが『QuizKnock Lab』を出版したように、何か自分の強みを生かしてアクションを起こしていきたいですね。歴史が好きだから『QuizKnock History』とか（笑）。自分の好きなこと、得意なことを世界に発信できるって絶対楽しいし、それでみなさんのお役にも立てるなら、めちゃめちゃいいですよね。ということで、期待していてください！

外側から見た Quiz Knock

企画作家 氏田雄介

早稲田大学を卒業後、面白法人カヤックに入社。2018年、株式会社考え中を設立し企画作家として独立。書籍やゲームの企画・制作を手がける。著書『54字の物語』シリーズ（PHP研究所）もヒット中。

01 QuizKnockを知ったきっかけは何ですか？ また、それはいつ頃のことでしょうか？

初QuizKnockは、2018年の2月のことでした。「AI vs 東大生」の動画をそのAIの開発者の方がシェアしているのを見て知りました。その日に、過去の動画を一気に全部観ました。今は通知をONにして毎回追っています。

02 QuizKnockの好きなところや注目しているポイントを教えてください。

企画力とその応用力です。QuizKnock以上にQuizKnockの人柄や知識を活かせるプロデューサーはいないし、QuizKnock以上にQuizKnockの企画を活かせるプレイヤーもいないと思います。それから、「勉強をすると、こんなにも世界が違って見えるんだ」と教えてくれるところ。先生が言う100回の「勉強しなさい」よりも1本のQuizKnock動画が、日本の未来を変えると信じています。

03 イチオシのQuizKnockの動画・記事・企画は何ですか？

イチオシの動画は「4000択クイズ」です。「選択肢の番号」と「問題の答え」を同時に推理して答えるという超ハイレベルな企画。企画のユニークさ、問題の面白さ、そして出演者たちのファインプレイ。QuizKnockの面白いところがすべて詰まっている動画です。

04 QuizKnockメンバーにメッセージや今後期待したいことがございましたらお願いいたします。

同じ企画を生業とする者として、本当に尊敬しています。QuizKnockさんのこれからの活動を楽しみにしています！
……さて、私はここまでに何回「QuizKnock」と言ったでしょう？
①1回　②1回　③2回　④3回　⑤5回……

答えは ⑤ 8回。（アナナナナ数別）（4000択クイズをぜひくしてみました。）

ライタークイズ 超 PART2

出題者 伊沢拓司

クイズを始めて10年以上が経ちましたが、やはり「作問の着眼点」を褒められる喜びは色あせません。理解しやすく、正解が出やすい問題作成を心がける一方で、「いやーそれを出すのか！」という意外性と面白さは常に追究したいポイントです。ということで、最近それが上手くいった作品をいくつかどうぞ。

Q.1 ちゃんと数えたわけではありませんが、プロ野球の選手名鑑に載る「好きな女性のタイプ」の項目で最も多い回答はおそらく何でしょう？

Q.2 「聖書は我々がいかに天に行くかを教えるものであり、いかに諸天体が動くかを教えるものではない」という名言を残した、有名な学者は誰でしょう？

Q.3 ファイル共有アプリ「Dropbox」のロゴには、単独のひし形がいくつ描かれているでしょう？

Q.4 以下の文章は、ある文学作品の一部です。何という作品でしょう？
「二人はデッキの手すりに寄りかかって、蝸牛が背のびをしたように延びて、海を抱え込んでいる函館の街を見ていた。──漁夫は指元まで吸いつくした煙草を唾と一緒に捨てた。巻煙草はおどけたように、色々にひっくりかえって、高い船腹（サイド）をすれずれに落ちて行った。彼は身体一杯酒臭かった。」

- **A.1** 「既婚」
- **A.2** ガリレオ・ガリレイ
- **A.3** 5枚
- **A.4** 『蟹工船』

[解説]
1. 既婚者は回答しないのが通例。選手名鑑を何度か見た方なら思い当たるはず。
2. 名言としての知名度はイマイチだが、いかにもガリレオっぽい。正解できちゃう一問。
3. あまり意識していないロゴ。デザイン性が高い。
4. 書き出し「おい地獄さ行ぐんだで！」が有名なので、その後のくだりを。内容からも推測可能か。

ライタークイズ 超 PART2

出題者 **川上拓朗**

Q. この画像が表す、東京メトロの駅は何？

©国立国会図書館

A 末広町

[解説]
画像の人物は、末広鉄腸、明治の政治家・ジャーナリストで、政治小説『雪中梅』で知られます。すえ、ひろ、てっ、ちょう、と分解して1番目、2番目、4番目を選択すると「すえひろちょう」となる、というわけです。

とはいえ、顔写真から人物を特定するのは激ムズ。東京メトロかの駅から逆算しようにも、末広鉄腸のことを知っていないと無理という、ほぼほぼ不可能問題です。

出題者 河村拓哉

Q.1 万国旗には登場しないものの、タイの首都・バンコクの旗に人を乗せた姿が描かれている動物は何？

Q.2 オリコンDVDチャート初の「デビュー作初登場1位」となった、A.B.C-Zの1stDVDは何でしょう？

A.1 ゾウ

A.2 「Za ABC
　　　〜5stars〜」

[解説]
1.最初のおとぼけはむしろ会話的要素なので、疾走感ある乾いたクイズの付け合わせとして。
2.クイズ大会「abc the first」のペーパー問題からのサンプリング。元になった問題と同じ文構造を取っています。

ライタークイズ 超 PART2

出題者 **ふくらP**

Q.1 「株式」と「会社」がくっつくと「かぶしきがいしゃ」となるように、2つの日本語がくっつく時、2語目の頭文字に濁点がつくことがあります。これを連濁といいます。しかし、「個人」と「企業」で「個人企業」とする時「ぎぎょう」とはなりません。2つの言葉がくっつく時、2語目に元々濁音が含まれている場合は連濁が起こらないという法則があるのです。では、その法則の例外を1つ見つけてください。つまり、2語目に元々濁音が含まれているにもかかわらず、くっつくと頭文字が濁音になるものを見つけましょう。

Q.2 次の2点を満たすような日本語xを見つけてください。
・日本語xは一般的に表記される時、漢字、ひらがな、カタカナを全て使用している(例:ピタゴラスの定理)。
・日本語xを英語にしてアルファベットで綴ると、最初の2文字と最後の2文字が一致している(例:deside)。
日本語の文字数が5文字以下のものを見つけてくることが出来るとかなりスゴイ!

113

A.1 なわばしご

A.2 消しゴム (eraser)

[解説]

1. この法則はライマンの法則と呼ばれています。「はしご」には濁音が含まれているのでライマンの法則通りであれば「縄はしご」となるはずですが、「縄ばしご」と連濁するため、これは珍しい例外となります。他には、「三郎(さぶろう)」が連濁する「任三郎(にんざぶろう)」「錬三郎(れんざぶろう)」などが例外です。くだけた言い方では、お笑いで盛大に滑ることを指す「どんずべり」というのもありますね。

2. 漢字、ひらがな、カタカナを全て使う言葉を用意しようとすると、かなり長くなってしまうと思います。「消しゴム」はわずか4文字でこれを達成している、かなり「いい言葉」ですね。理論上は3文字でも可能で、例としては「くノ一」があります。しかし、加えて英語にした時の条件も満たすものとなると、探すのは相当難しかったでしょう。ちなみにこのクイズは僕が中学生の時に作った問題です。

ライタークイズ 超 PART2

出題者 **山森彩加**

Q. 2009〜10年に放送された「仮面ライダーW（ダブル）」。使用者に超人の力を与える「ガイアメモリ」によって「ドーパント」に変身した敵と戦います。第5・6話に登場した敵は「A」のイニシャルが書かれたメモリを使用していました。

さて、この「A」が意味する、カンブリア紀に生息したとされる古代生物は何？

ちなみに、この写真はその生物のストラップです。

ライタークイズ 答

A アノマロカリス

[解説]

私が仮面ライダーにハマるきっかけとなった作品「仮面ライダーW」。怪人・ドーパントに変身するためのガイアメモリには、さまざまな種類があります。生き物に限らず、マグマやウェザーなどの自然現象、ライアー（嘘つき）やイエスタデイ（昨日）などもあります。どんな能力かはぜひ本編を。

その5話で、「アノマロカリス」という、当時の私には未知の生物と出会い、気になってしまったのです。そこからカンブリア紀そのものに興味を持ち、上野の国立科学博物館によく通いました。ミュージアムショップで購入したアノマロカリスのストラップ（前ページ写真）を、ペンケースにつけて、同級生に自慢していました。

そして、2012年、NHK BSで「カンブリアン ウォーズ」という、カンブリア紀の生物を特集したドラマ仕立ての番組が放送されるのです！
しかも主演は「仮面ライダーW」で主人公・左翔太郎を演じた桐山漣さん。なるほど、桐山さんは私に二度もカンブリア紀のことを教えてくれるのね、と小さな偶然に少しうれしくなりました。

ライタークイズ 超 PART2

出題者 須貝駿貴

身近な物理現象にも名前があります。

Q.1 野球を面白くするために、変化球は不可欠です。野球の変化球が曲がるときのように、回転する球や円柱の回転軸に対して垂直に流れが当たるとき、流れの向きと回転軸の両方に垂直に力を受ける現象を、ドイツの科学者の名を取って何というでしょう？

Q.2 台風は北半球では必ず反時計回りに渦を巻きます。この渦巻の方向は地球の自転と風の吹く向きが干渉した結果、風に見かけ上の力が働くからなのですが、この見かけ上の力をフランスの科学者の名を取って何というでしょう？

ライタークイズ 答

A.1 マグヌス効果
A.2 コリオリの力

[解説]

1. 今では回転する球といえば、身近には野球の変化球ですが、この力が議論されたのは回転して飛んでいく銃弾の研究が最初でした。銃弾が曲がってしまう原因をマグヌスが論じたため、マグヌス効果と呼ばれています。須貝は中学生の時に『魔球の正体』という本を読んだときにこの言葉と初めて出会い、長らく謎のままにしておいたのですが、大学に入ってついにその内容を理解することとなりました。

2. 日本人にとっては変化球よりもさらに身近なのが台風です。天気予報で見る台風はいつも反時計回りに渦を巻いているのに気づいていましたか？ あるいは学校の理科で教わったかもしれませんね。コリオリの力というのは慣性力と呼ばれるものの一種で、回転しているものの上で運動しようとするときに感じる見かけ上の力です。フーコーという科学者が振り子を振ったときに徐々に振り子の振れる面が回転しているということをもって地球の自転を実証しました。このフーコーの振り子を動かしているのがコリオリの力です。ちなみに、フーコーの振り子は東京都上野にある国立科学博物館の入り口などに展示されています。入場時と退場時にそれぞれ振り子の位置をチェックしてみると、自転を感じることができますね。

ライタークイズ 超 PART2

出題者 **こうちゃん**

解けたらやばい!! 超スーパー激ムズ謎解きを用意したよ。

Q.1 ?に入るカタカナは何？（2019年現在）
ン→ズ→ン→ン→ー→…
→ュ→ン→ュ→ ? →プ

Q.2 ❶ (1,2,3) → (-1,2)
❷ (1,-4,7) → (2,3) である時、
❸ (2,4,6) → (x, y)
xとyに入る数字は？

A.1 マ

A.2 $x=-1\ y=4$

[解説]
1. 歴代アメリカ大統領のファミリーネームの「最後の文字」を並べています。トラン「プ」の前はオバ「マ」ですから、正解は「マ」です。頭文字だと解けちゃう人がいるかなと思ったので、最後の文字にすることで難易度を爆上げしておきました！ごめんなさい！

2. 左側の (a,b,c) は二次関数 $y=ax^2+bx+c$ に対応し、右側の (d,e) は $y=ax^2+bx+c$ の頂点の座標を指します。例えば❶なら、$y=x^2+2x+3$ の頂点は $(-1,2)$ なので、$(1,2,3) \to (-1,2)$ となります。
問題の❸ $(2,4,6)$ について考えると、$y=2x^2+4x+6$ を変形すると $y=2(x+1)^2+4$ となり、頂点が $(-1,4)$ となります。したがって、$x=-1, y=4$ となります。うん、難しいね!!!

ライタークイズ超 PART2

出題者 山本祥彰

僕の得意ジャンル「謎解き」からの出題！ 激ムズにしてみました！

Q.1 下の ? に同じものをいれて文章を完成させよ。

シ ? が ? をとる。

Q.2 下のイラストが何を表すか、漢字四文字で答えよ。

A.1 鰤(ぶり)

A.2 南京条約

普段、「小学生でも解ける知識のいらない問題」を作る機会が多い僕ですが、自由に問題を作れる場所くらい、「難易度が高かったり知識が必要だったりする問題」も作りたい！と考え、今回の問題を用意しました。

[解説]
1. 「鰤」を入れると、「漁師が鰤をとる。」という文章が完成します。「漁師」という熟語には、「鰤」という漢字が隠れているんですね！
2. 正解は「南京条約」。南京条約とは、アヘン戦争終結のためにイギリスと中国清朝の間で1842年に締結された条約です。「なんきんじょうやく」という言葉の中には、「なんきんじょう」という言葉が隠れているんですね！

裏方は見た！

目撃者 営業M

QuizKnockを支える裏方たちが、近くにいるからこそわかるメンバーの知られざる生態を公開!! 営業M氏が見た、川上拓朗と須貝駿貴の姿とは!?

川上拓朗を見た！ QuizKnockのインスタ王が爆誕

川上さんは最近インスタグラムを始めました。始める前は基本的な機能についても何も知らなかったらしいのですが、今ではストーリーから何からとても上手く使いこなしています。聞いてみると、「勉強した」と（笑）。何に対しても真面目な川上さん、今ではメンバーの誰よりもインスタに詳しくなっていて、後から始めた山本さんにやり方を手取り足取り教えていました。

須貝駿貴を見た！ ナイスガイはほぼいつもナイスガイ

須貝さんにはとにかくオンとオフの区別がない。初めて会ったときの自己紹介も「ナイスガイの須貝です！」だったし、リラックスした雑談のなかでも、何か気になることがあったらすぐに周りと（ノッてくる人がいなければひとりで）議論を始めて「即興QuizKnock Lab」のスタート。自分もこうなれればいいなと思う反面、ついさっきまでテンション高かったのがいきなり静かになったりもするので、一瞬ビビります。

123

COLUMN

学生クイズプレイヤーの1年

クイズ業界にはおおまかな1年の流れがあります。今回はその中でも、学生のクイズプレイヤーがどのような1年間を過ごしているかについて、解説していきたいと思います。ただし、人それぞれのクイズとの向き合い方がありますので、あくまでも一例としてお読みいただければと思います。

新学期の始まる4月は、新歓の時期です。多くのクイズ研究会・クイズサークルは部員獲得のために奔走します。クイズ体験会を開いたり、新歓合宿を行ったりする団体も多く、上級生・新入生双方にとって大事な時期となっています。

学校生活が安定してくる5月・6月は、学校の授業とクイズの勉強を両立させる方法を模索する時期です。学業の忙しさとうまくバランスを取りつつ、クイズする時間を確保しましょう。また、夏休みには多くのクイズ大会が開催されます。それらの大会で活躍するためには、この時期の追い込みが重要となってきます。

7月後半は定期テストの時期なので、クイズに割く時間は少し減ってしまいます。しかし、クイズを全くやらないと腕が鈍ってしまうので、テスト勉強の息抜き程度に嗜んでおく必要があります。もちろん、学校で学ぶ内容はクイズでも問われますので、テスト勉強自体がクイズの勉強であると言っても過言ではないですね。

晴れてテストが終わると、夏休みに突入します。夏休みは自由な時間がたくさん取れるので、クイズの実力向上にはもってこいの期間です。友人と早押しクイズをするもよし、家にこもって朝から晩までクイズの問題集を読み込むのもよしです。また、人によっては自ら大会や企画を開催するケースもあります。その場合は、自ら大量のクイズを作ることになります。コンセプトを決めて問題を作る練習も必要です。

夏休みは日頃の勉強の成果を発揮するタイミングでもあります。期間中には、大学生以下が出場できる「STU」、高校生が出場できる「高校生オープン」などの歴史ある大会が開催され、その結果に一喜一憂することとなります。自分が結果を残すのもうれしいことですが、一緒にクイズを楽しんだ知人が活躍するのも喜ばしいことです。

高校生にとっては、夏は「高校生クイズ」の

季節でもあります。コンセプトは年を経るごとに変化しつづけていますが、クイズを楽しむ高校生にとって大きな存在であることに変わりはないでしょう。例年の傾向から対策を立てて優勝を目指す人も多くいます。

夏が終わると2学期のスタートです。1学期と同様、学校の授業とクイズの勉強の両立が必要な期間となります。運動会や学園祭など2学期はイベントが目白押しなので、うまく合間を縫ってクイズの時間を設ける必要があります。夏の間にうまく結果が残せなかった人たちは、その悔しさをバネにしてクイズの勉強に励みます。

年によって例外もありますが、例年秋には「新人王・早押王」という大きな大会が開催されます。この大会の特徴は、クイズ歴の長さによって異なる大会に出場するという点にあります。初めてクイズの大会に出場してから5年以下の人は「新人王」、それ以外の人は「早押王」に出場します。クイズを長く嗜んでいる人ほど経験豊富なわけですから、資格を分けることでより多くの人が頂点を目指しやすくなっています。また、大規模なクイズ大会では、ペーパークイズで予選を行い、成績上位数十人しか早押しボタンにつけないケースが多いのですが、この大会は全員が早押しクイズから参加できるという特徴もあります。早押しクイズは得意だけど、ペーパークイズが苦手だという人にとってはうってつけの大会ですね。

2学期も終わりを迎える12月頃には、「PERSON OF THE YEAR」という大会があります。こちらの大会はいわゆる「長文クイズ」の大会で、難易度もかなり高めの問題が出題されます。このような長文・難しめのクイズのことを、クイズの界隈では「学生系クイズ」と呼びます。学生系クイズの大会は数が少ないということもあり、難易度高めの問題が好きな学生クイズプレイヤーにとっては、勉強の成果を発揮する数少ないチャンスとなっています。

多くの学生クイズプレイヤーにとって3学期は、3月に開催される学生限定大会「abc/EQIDEN」に向けての準備期間となります。「abc/EQIDEN」は参加者1000人弱を誇る日本最大のクイズ大会であり、多くのクイズプレイヤーにとっての憧れの舞台となっています。また、年度の終わりに開催されるということもあいまって、この年に卒業するクイズプレイヤーは特に気合を入れて勉強することとなります。

ここまで、私が実感した学生クイズプレイヤーの1年の流れを大まかに書いてきました。しかし、クイズは「自由」です。頑張って勉強してもよし、勉強せず気楽に楽しんでもよし。みなさまも、自分に合った良いクイズライフをお過ごしください。

スペシャル座談会

はなお × でんがん × 伊沢拓司 × ふくらP

YouTubeチャンネル登録者数140万人超の「はなお」チャンネルのおふたり、はなおさん&でんがんさんをお迎えしての座談会が実現！過去のQuizKnockとのコラボ動画から制作にまつわる真面目な話まで、1万2000字の濃密トーク！（2019年7月収録）

HANAO CHANNEL

初期の動画で体現した
YouTuberシップ

──お互いの存在を知ったきっかけはありますか？

伊沢拓司（以下、伊沢） 知ったのはYouTubeを始めた頃（2017年4月）くらいかも。純粋な視聴者だったかな。

ふくらP（以下、ふく） 僕はYouTubeを始める前からYouTuber好きだったので、もっと前から知ってましたね。

でんがん（以下、でん） その頃だと俺らもまだチャンネル登録者数が10万人台とかそのくらいの時かな。俺はクイズ番組好きやから、伊沢くんのことはずっと知ってたけど。ただ、YouTubeやってるんやと知ったのは、会社に入社した頃やから2018年の4月くらい。

はなお（以下、はな） 俺、テレビで伊沢くんを観たことリアルにない説があって。

でん 本当にテレビ観ないからね。

はな でもそれが、逆に良かったかなと。もちろん「東大王」っていう番組は知ってたけど、観た記憶がなくて。視聴者さんからコラボしてくださいって書き込みがめちゃくちゃ多くて、同じジャンルみたいな感じに思ってたんで。YouTuberとしての伊沢タクシーニしか知らなかったから、そういう意味では最初のコラボも

あんまり緊張なくいけたというか。真面目なイメージがあったんだけど、いざ会ったら少年のようで、服装も半袖でパーカー腰にくくって山登りスタイルみたいな感じだったから、ラフやなと。

伊沢 お互いこラフでしたね。

ふく はなおさんはラフじゃない時はあるんですか。

はな いまラフじゃないよ（笑）。探り探りやってるから。

伊沢 はなおさんのチャンネルを知った2017年の春頃って、いまから考えると俺たちはサイトが伸び悩んでいた時でしたね。

でん そうなんや。YouTubeは10万人まではどれくらいかかった？

伊沢 9カ月くらいですかね。早いほうではありますけど。

はな おいちょっと待て。ウチら2年くらいかかってるぞ。

ふく でも本数で言ったら、たぶん僕らのほうが撮ってますよ。

伊沢 ウチは最初から週3、4本は上げてましたからね。はなおさんは昔から、それこそ阪大合格時から動画を撮ってますよね。

はな 誰に向けてるのかわからない動画をね。9時に合格が発表されるって聞いて、なんとし

てもその瞬間を動画に収めたいと。
でん　YouTube始めようとかで撮ったわけでもないし、しかも他の滑り止めの大学の試験と時間がかぶってて。だから、落ちてたらやばかった。急いで向かっても間に合わなかったはず。
はな　そんな賭だったね。いまだにあれ以上に体を張った動画はない。
でん　あの時点で1浪で、落ちてたら2浪だからね。
伊沢　落ちてたら2浪確定の動画配信（笑）。はなおさんはマジでYouTuberシップがハンパないですね。
はな　シップ半端なかったね。あの頃が一番、尖ってたかも。
でん　いまもまだ尖ってるよ（笑）。

一番の違いは動画の収録時間!?

──はなおさんたちとQuizKnockは、高学歴YouTuberのように同じカテゴリーに入れられることも多いですが、お互いの違うところはどこだと思いますか？
伊沢　収録時間はかなり違いますよね。
でん　おとといの動画も普通に3時間とかかけてるから。
伊沢　こないだQuizKnockの俺が出てない動画で2時間半かかってたけど、みんな地獄だって言ってましたね。
ふく　QuizKnockの撮影は普通、1本あたり1時間もかからないんですよ。だから2時間半はかなり異例でした。
でん　俺らはたぶん、あんまり考えずにヨーイドンで行くから時間がかかる。QuizKnockの場合はあらかじめクイズが仕込まれてるから、それも撮影時間に入るわけやん。
ふく　あー、確かに。
伊沢　計算系とかの動画もいきなり「やろう！」からスタートですか？

でん　ゼロから全部いきます。
はな　計算できそうかできそうじゃないかというのは考えるけど。
伊沢　あとはもうその場で作り上げていく感じ？
はな　あとはまあ、そうね。
伊沢　そういうところを考えると、俺たち実は似てないですよね。扱っているテーマは似てるように見えるけど、アプローチはぜんぜん違う。
でん　そうだと思う。
伊沢　夕闇（に誘いし漆黒の天使達）とかは、めっちゃ作り込んでるから。
はな　夕闇とQuizKnockコラボのデスボイスの動画（動画タイトル：【vs東大生】デスボイスリスニングクイズでまさかの大接戦www【QuizKnock】）とか、めっちゃ作り込んでたもんな。
伊沢　夕闇は仕込み力というか、準備力がハンパない。はなおさんたちと俺たちはプレイスタイルが全然違うから、それが逆に上手くコラボでハマった感じですかね。
でん　でも、俺らとのコラボで撮った、ビジネスマナー選手権の動画（動画タイトル：【高学歴は非常識ばっか】第一回ビジネスマナー選手権で東大生のマナー違反が露呈してしもうたwwwwww）は、過去イチ編集がきつかったってうちの後輩が言ってた（笑）。

はな　どうあがいてカットしても15分になっちゃうっていう。
伊沢　全員カオスなことをやり出しましたからね。まだ東大王王（動画タイトル：【正答率0%】冥大王を一番よく知るのは誰だ！？ 第一回『東大王王』で知識最強クイズ王のひねくれ回答がマジで鬼畜級に事案wwwwww）のほうが、整然としてた。
はな　東大王王も、30問くらい作ったからクイズがありすぎて。大量に作って、その中から選ぶっていうスタイル。

初公開!? それぞれの動画の作り方

ふく　僕らの決定的な違いだと思ったのは、はなおさんたちは動画をその場で作るというところ。僕だったら準備してやって、上手くいかないなと思ったらボツにするんですけど。それをはなおさんとかは、無理やりこういう設定にしました、無理やりやんけー、みたいなのをやり

ながら、生かせるというか。
はな　じゃあボツになったクイズも多いってことか。
でん　俺らはとにかくやってみる精神は強めだと思うけど、ほとんどボツった記憶はないな。
はな　企画の段階で、まず、構成というか順番というか、ストーリー系というか、こういうシーンがあって、ストーリーがあってとか、そこは考える。
でん　クイズ系は、クイズがあって答えるっていう構成が決まってるから、逆に何も考えずにやるっていう。普通の動画は大枠だけ決めて、シーンの中は自由にやってもらう。
ふく　自由なほうが、求められる演者の能力が高いと思うんですよ。
伊沢　強力なボケができる人がふたりいるからこそできる技よ。そのスタイルを使えるのはとても強くて、それができるチームはあまりいない。ボケ属性が固まっているっていう稀有なチャンネルなんですよ。

ふく　そうだね。

はな　逆にツッコミがいないけどな。すんもキムも全員ボケだから。

ふく　その代わりに、ツッコミの役割は編集がやってますよね。

伊沢　QuizKnockはみんなツッコミなので、俺もそんなにナチュラルにボケてはいない。やっぱり作り込んでおかないと動画が面白くならないんですよ。

ふく　すごく変な設定にしとくとか、難しすぎるよとか、引っ掛けクイズを出すとかで、どういうリアクションが返ってくるのか、そのあたりは企画の段階でほとんど想定できるようにしてますね。

はな　ボケも大事だと思うんやけど、QuizKnockはクイズがちゃんとしてるっていうのがあるから、そもそも趣旨として、笑いとか脱線の要素はそこまで必要としていないのかな。意図していないというか。どう？

ふく　僕は、学びがまったくない動画になってしまうのはまずいと思っています。1つ以上入っていればいくつでもいいと思うんだけど、1つは絶対に入れたい。でも、学びのある動画の中でさらに笑いがあるほうが絶対にいいので、そういう意味では足しはするんですけど、あんまり脱線が長いと観る側が耐えられないかなと。

はな　それはQuizKnockと俺らの動画の文化の違いで、あくまで学び重視というか。

伊沢　スタイルの違いですよね。東大王王の時は、はなおさんからこういう感じでこういうスタイルでっていう指示がめちゃくちゃあったんで、それがあの成功につながったと思います。

はな　俺はけっこう中身は任せるけど、空気感とか世界観は大事だから、それはみんなに共有している。

伊沢　適当に作るんじゃなくて、こういう設定でやるという外側の決め方がすごく上手いなと。

はな　俺の脳内にイメージがあって、そのイメー

ジに沿うように振る舞ってもらうみたいな。

伊沢　それがマジでYouTuberなんですよね。そこはQuizKnockよりきっちりしてると思います。

はな　チームみんなが同じ方向、ビジョンをもって、俺はこういうキャラでいくからみたいに世界観の辻褄を合わせている感じかな。

のえりんとこうちゃんの共通点

伊沢　はなおさんのそのプロデュースがあってこそ、空気感が統一された、コントみたいな動画が生まれてくるんだと思う。のえりんとかも、そういうのに乗るのが上手いなと。

はな　確かにのえりんはね。実はあの子まわりが見えるタイプというのに最近気づいて。

伊沢　空気を掴むのが上手いですよね。それこそグラサンかけるキャラならそれになりきったりだとか。

はな　そうそう、演技もちゃんとできる。実は、すんとかも意外と天然に見せかけて、演じ切ることもできるっていう。天然と客観を併せ持っている人種というか。

伊沢　QuizKnockだとこうちゃんがそういうタイプで、天然なんだけど、まわりは見えている。いまどうするべきかが、すごくよくわかっ

131

ている。
はな　大事な能力だよね。QuizKnockはやっぱりクイズっていうチャンネル名へのこだわりはめちゃくちゃ強いやんか。
ふく　そうですね。
はな　枠組みをどこまで壊すみたいなのはあるの？　実験とかはたまにあるけど。
ふく　僕はクエスチョンがあってアンサーがあったら全部クイズだと思っているので。そういう意味では実験もクイズですね。
はな　じゃあ（「トリビアの泉」の）トリビアの種とかもクイズなんだ。
ふく　一応クイズには入りますね。得られる知識がなかったとしても、学びは欲しいと思っているので、東大生はこういうふうに考えるんだという知恵でもいいから提供できたらというのは最低限思っていて、それがないものはやらないようにしてます。
はな　やらないようにというのはやりたくないから？　それともチャンネルのブランディングに反するから？
ふく　反するからですね。思いついたらサブチャンでやるか、積サーに送るかですね（笑）。
はな　それはやりたいってならへんの。クイズばっかりだから違うのもやってみたいとか。
ふく　「こういうのやったら面白いよね、ウチでは出さないけど」ってなりますね。

はな　それでやらないで留められるのが逆に俺の中ですごいなと思う。
伊沢　俺は、これはダメだなって思ったことはあんまりないけどな。逆に発想が絞られちゃっているのかもしれないですね。すでにQuizKnock仕様で企画を考えちゃってるのかも。
ふく　伊沢はけっこう、脱線してるのあるよ（笑）。

足していく笑いと作っていく笑い

はな　今後も学びゼロをやる気はないのかなっていう。成長とか伸びを考えるなら。
ふく　いまのところは考えてないですね。
はな　勉強系はやらないの？
ふく　教えるってことですか。
はな　そうそう。いまは基本、クイズで楽しく勉学を伝えるみたいな感じやんか。でんがんさんみたいに、例えばもろに問題を解くみたいな。灘中のやつとかはQuizKnockもやってるけど。
伊沢　はなおさんたちとQuizKnockの決定的な差は、それをやって面白くなる人たちかどうかもしれない。俺たちが大学入試解いたり、勉強を教えたりしてもエンタメになりきらない。
ふく　ああ、そうね。
はな　俺は、正直、YouTuber全体の話だけど、許されるならみんな同じ企画をやっていいと

思ってて。同じ企画でも人が違ったら違うものになる。構成もたぶん違うと思うし、型が一緒でも人が変われば脱線とかして、あらぬ方向にいったりするから。

ふく　同じ企画がOKな文化になったとして、はなおさんのチャンネルはどのYouTuberもみんなやったじゃんという企画をやっても、新しいものが生まれると思う。ただ、ウチはそうでもない。

伊沢　俺は、中学入試を解いて一番面白いYou-TuberはQuizKnockだと思う。そこは自信があるのだけど、大学入試をやって一番面白いのははなおさんのチャンネルじゃないかな。

はな　へー、その違いはどういうところ？

伊沢　大学入試って、問題自体が超突飛ってことはほぼないじゃないですか。

はな　ああ、普通に解けちゃうってことか。

伊沢　というより、大学入試の問題って、超学問寄りだから、問題自体の面白さがない。ゼロから1の面白さを作れるメンバーが多いから、はなおさんのところなら問題を解きながら面白いことができる。ウチはベースが面白い問題じゃないと面白い動画にならないというか、中学入試って変な問題が多いので、変な問題や面白い問題にツッコんだり、なにか言うってほうが得意。俺たちは足す笑い、はなおさんたちは作る笑いがメインだから。その差かなと思います。

はな　なるほど、そこは意識したことなかったな。

伊沢　俺らは起点がないと始まらないんだよね。問題を投げられて、それを発展させてボケるタイプ。はなおさんたちは最初からボケが始まってるじゃないですか。あれは俺たちだと絶対できない。はいQuizKnock編集長の伊沢です！今日は●●です！　から始まるんで。

でん　普段の会話の延長では始まらないと。

はな　なんかあれだよね、撮影のテンションに持っていく助走も兼ねてるというか。

でん　それをあえて見せている。

はな　あえてちょっと関係ない話からスタートするのは、俺たちのために必要な時間というか。
伊沢　競艇みたいな感じですね。
はな　そうそう（笑）。そういうのをやっているから、撮影時間が長くなる。はいどうぞ、30分で終わり、みたいなのができない。良くも悪くも必要なだらだらというか。
でん　マジな話をすると、長い動画ってやっぱり工数がかかるから。これからはスリムにすることを考えるのは大事かもしれん。
伊沢　俺たちもゼロを1にする勉強はしないといけないなと思いますけどね。
でん　でも、それをやってる感覚はなくて、普段からそんな会話ばっかりしてるから、それをちょっと見せてるだけというか。だから、なんにもしてないっすよ、俺は。
伊沢　天性に面白い人がふたりいたってことですね。
でん　撮影を楽しんでるだけというか。理念の違いもあるだろうけど。

伊沢　でも俺たちもたぶんこのスタイルが合うと思ってはいるので、お互いにベストな方法にたどり着いているのかもしれませんね。
はな　そうね、確かにね。

クイズ企画はいつか限界が来る!?

でん　でも、昔から、はなおチャンネルが大きな転換をしたというのはない気がするけどね。
伊沢　それこそ2年くらい見ていて、変わった感というのに特にないですね。メンバーは増えてますけど。
はな　そのやり方が受け入れられてきたって感じなのかな。キャラクター的にも。
伊沢　ウチも結局クイズを解くスタイルは全く変わってないですね。最初から最後まで。
はな　5年目の卒アルを見返してなんも変わってない人みたいな（笑）。
伊沢　マジでなんも変わってない人だと思いますよ。
でん　俺は企画でやる場合、クイズって限界が

あると思っていた。ただ「クイズをやる」を見せ続けるんじゃなくて、スマブラやりながらとか掛け算しないといけなくなると思っていて。でもQuizKnockは限界を感じさせないくらい、毎回新しいクイズが来るから。

はな　限界はないって感じなの？

ふく　僕は、いつか限界は来るかなと思いながらやっています。

伊沢　ただ、2年前もそう思っていたから。今週のノルマ終わらねえみたいに思いながら、いまもなんとかできている。

はな　QuizKnockしてるなほんまに（笑）。俺も2017年くらいの就職するかどうかの時に、あー、企画考えるのしんどとなってたことはあるけどな。ネタ切れというか。

伊沢　そこはどうやって脱出したんですか。

はな　いや、なんか結局アイデア出てくれて。

（一同爆笑）

ふく　全部それなんですよ結局。ちなみに、その日に動画出すぞってなってても、編集が気に入らなかったら延期みたいなことはありますか？

でん　全然あるな。

はな　量産はできにくいタイプ。

でん　はなおの頭にしか答えがないから、ここが納得せんかったら出ない。

ふく　でんがんさんが編集しても、最後ははなおさんがジャッジすると。編集って撮影がいいと完璧なものを目指したいし、撮影が悪いと編集でがんばらないといけないから、結局がんばるしかない。難しいですよね。

はな　顔が悪い時も完璧なメイクがしたいみたいなね（笑）。俺はある程度、撮影がしょぼくても編集とかで面白く見せれる自信はあるから。

伊沢　そこはジレンマですよね。時間のかけ方的に。

でん　俺は、そこは維持してほしい。本数にこだわりすぎてクオリティが下がるくらいだったら、本数は少なくてもいまのクオリティを保ち続けてほしい。

東大・阪大というパワーワード

——ところで、はなおさんは、阪大や理系というキーワードを打ち出すきっかけはあったのでしょうか。

はな　阪大は俺たちの強い武器やなとは思っているけど。理系とか阪大とかそういうのが強いというのに気づき出したのは、2016年の春くらいから。それで、俺はあんまり思いつかへんのやけど、でんがんさんとかがそういう案を出してくれるようになって。阪大と一緒になんかするとか、そういうのもでんがんさんの案。

でん　俺は勉強系から離れられないのかも。
はな　俺はそこを中心にというよりかは、並列した分野のひとつというイメージ。使いたい時に使う感じで、そんなにこだわってない。割と雑食やから、マルチでなんでもやるタイプやなって。
伊沢　じゃあ、分業ができてるんですかね。
でん　ドラマっぽいとか演じる系の構成はめちゃくちゃはなおが上手くて、そういうのは全部任せている。俺は理系企画とかが思いついたら全部言うっていう。
はな　俺らはそんなに自分では阪大とかタイトルに入れないけど、QuizKnockの東大生がっていうタイトルは、具体的な人物は誰を指してるの？
ふく　誰か現役東大生がいる時ですね。
はな　カワカミタクロウとかこうちゃんがいる時？　俺らの目からしたら東大生＝伊沢くんみたいになってるけど。
伊沢　僕はもうただの社会人なんで。Quiz-Knockもチームとして現実的に東大生が消えつつあるんで、東大生のリクルーティングはしたいなと。
はな　東大生も東大卒もあんまり変わらん気はするけど。
ふく　東大卒でタイトル出してみる？
はな　いや、やっぱり微妙かもな。東大院中退だと（笑）。
伊沢　弱い（笑）。だから、純粋にチャンネルの若返りはしたいですね。積サーみたいに枠があって、そこから上がってくるメンバーがいるみたいなシステムがすごくうらやましい。

全員が全ポジションをできるのが理想

──はなおさんたちとQuizKnockは人数が多いという点でも共通点がありますが、なにか悩みなどはありますか？

ふく　人数が多いと、動画に誰を出すか迷いません？　最後のひと枠を、わがにするかキムにするかみたいなので迷ったりします？
はな　誰にどの役をやらすかのほうが重要かな。演劇とかのポジションに近い。例えば、教師だったらでんがんさんがやることが多いけど、この演技は誰がしたら面白いんだろうみたいなのを考える。
伊沢　そこもゼロを1にというか、理想があってそれにメンバーが合わせていくスタイルですよね。
はな　監督やからね。
伊沢　俺たちはけっこう手札でやろうとするタイプなんで、このキャラはこの人みたいなのが固定で決まっていて、そこからふくらさんが選んでいく。
ふく　例えば、これまでずっと先生役はでんがんさんだったけど、今回はのえりんが先生役で、でんがんさんが生徒にとか、変えたりはするんですか？
はな　それは構図によっては変わるんじゃないかな。メインとしているものがなんなのかによって変わる。見せたいシーンによって全然変わる。
ふく　そこのチャレンジを、僕らはあんまりやってないと思う。
伊沢　俺が完全に受けにまわるとか、そういう

こともしていかないといけないのは間違いない。あとはやっぱりメンバーの成長をつぶさに観察しないと。
はな　演者の成長は重要だよね。俺は、いずれ後輩が自分からカメラを回して、その動画の起点を作れるようになってほしいと思ってる。全員がトリガーになれる。全員がゴールキーパーでもトップでもやれるのが一番の理想。
伊沢　それは理想ですね。それが一番すごいYouTuberが東海オンエアだと思う。東海オンエアは誰がどのポジションをやってもそれなりのチームになるのがめちゃくちゃすごくて。
はな　東海オンエアは本当にすごいね。
伊沢　チームのYouTuberとしてはひとつの目指すところかなと。
でん　それができると全然違うもんね。
伊沢　全員が全部のポジションができると最低限が保証されるし、その組み合わせの中で最高を探せるし、やっぱりいいなと。そういう意味でも、チームビルディングと、メンバーの成長

の観察がすごく大事かなと。
でん　最近はそれしかしてないかもしれん。
伊沢　それに注力する人がいるというのが、チームとして強い証拠。
でん　俺は動画の編集とかにポリシーはそんなになくて、それも良かったかもしれない。編集にこだわってはなおと対立していたら、揉めてたかもしれんけど。
はな　お互い持ってる領域がかぶってないから。
でん　この人は、お金とか適当なんですよ。俺は、そういうのはちゃんとしておきたいという。
伊沢　違うふたりというのがいいんだと思う。ウチはふたりでは補いきれなかったからヘッドがいっぱいいるけど。でも、俺とふくらさんは性格がめっちゃ違うし、そのあたりも上手くいってる要因なのかな。
はな　そうかもしれんな。
でん　そうね。
ふく　僕はそんなに伊沢と違うとは思ってないけど（笑）。

メンバーを1週間交換するなら!?

——最後に、お互いに期待していること、もしくは抱負を教えてください。

伊沢　まずはコラボしたいというのがありますね。またやりたい。無意識にコラボというかお互いの名前がよく出るというのもあるし、はなおさんたちのポジションは唯一無二で理想的。YouTuberとしてのお手本というか。俺はこの仕事を選ぶ上で、それこそ院を中退するのにもふたりの存在が引き金になったので。

はな　ちょっと待ってくださいよ。めちゃくちゃ嬉しいけど（照）。

でん　褒められるとこうなるから（笑）。

伊沢　やっぱり、かっこいい先輩でいてほしいなというのがありますね。

はな　俺はQuizKnockに1回ヤバイ動画を出してほしい。学びゼロの動画を。

伊沢　俺はやりたいけど。

はな　ポリシーとしてダメというのはあるとは思うけど、ファンはそれを望んでると思う。ふくらPがバグってるところを、視聴者として観たい（笑）。

でん　俺は‥…クイズやりたいっすね。

（一同爆笑）

はな　いいね。メンバー出張とか交換とかやろうか。

でん　俺、昔クイズ番組のクイズに答える人に憧れてて、世界遺産とかめっちゃ勉強してた時もあって。

はな　1週間くらいメンバー交換すればいいのかな。

ふく　1週間というか、ウチは週に1回6本撮るので、その日に来てくれれば。

でん　えぐ。1日で6本？

伊沢　昼に集まって夜までやってますね。

ふく　1本30分くらいですけど。

はな　俺はてんがんさんとメンバー交換なら、あえてのこうちゃんを欲しようかな。

伊沢　いいですよ。面白そう（笑）。

ふく　こうちゃんとすんを並べて撮ったら面白そう。
はな　なんかこう、ひよこクラブみたいな（笑）。ふたりともほにゃーってしてて、「じゃあどっちからやります？」みたいな。
ふく　始まるまでめちゃくちゃ時間が長い感じの。
はな　でも、すんのほうが意外としっかりしてそう。

模試バトル最強はたぶんあの人

伊沢　俺は積サーと7番勝負がやりたい。ウチは7人だから。マジでしょうもないことで対決していく。
でん　それはクイズとかじゃなくてバナナ早食いとかそういうこと？
伊沢　いろんな企画をそれぞれの対戦で用意して。
でん　それは面白いと思う。はなおメンバーとQuizKnockの7番勝負。
はな　それやろうよ。
でん　QuizKnockと話すと企画がけっこう出てくるよね。でも、ガチの知識人ておらんのよ俺らは実は。
伊沢　阪大の模試であんなに点取れる人に言われたくない（笑）。

でん　東大模試対決みたいなのもありなのかな。
ふく　でもそれ、リアルにでんがんさん1位になるんじゃないですか。
はな　いや、たぶんそれ、ヨビノリたくみが出てくるから。あいつが一番強い。
でん　これはQuizKnockというより、高学歴YouTuberみんな集めてやる感じかな。
はな　QuizKnockに勝ちたいな。
伊沢　俺はたぶんゲロ負けすると思う。
はな　ふくらPはどうなん？
伊沢　確実に数学は俺より上ですけど。
ふく　どれくらい覚えてるかだよね。
でん　ブランディング的にどうなのかわからないけど、伊沢くんが意外とできないのも面白いと思う。めっちゃできると思われてるから。
伊沢　がんばりたいけど、正味数学とかはできないと思う。本業のクイズで結果残せればそれでいいかなと。特に数学はできんから。
はな　数学できなくても大丈夫と。
でん　中学入試の問題やり続けていたほうがクイズには強くなりそうやな。灘中の問題、クイズ問題みたいなのがめっちゃあるから。漢字しりとりとか。
ふく　灘中の国語面白いですよね。
でん　これをやり続けてるから、中学入試やってきた人はクイズ王になりがちなのかなと。まとめると、俺はクイズやりたいし、Quiz-

139

Knockとコラボして、チャンネル登録者数とかも一緒に伸びていったら嬉しい。違うチームやけど、企業間の仲間みたいな。仲良くやっていきたいなと。

はなおチャンネルで
意外な一面が出る理由

——では、締めにふくらPお願いします。

ふく　ちょうど全部言われちゃった。

伊沢　新しいことを言っておくと、今日ふくらさんは靴下が裏表です（笑）。

ふく　うそ？　いや、これはこういうやつなんですよ。

伊沢　マジで。座談会中、ずっと逆って思ってたわ。

ふく　そろそろ捨て時というか。たぶん買った

時からこんな感じ……なわけないか。めっちゃ安いやつだからかな。話を戻すと、はなおさんたちとカジュアルにコラボしていきたいですよね。息をするように。いまってどれくらい東京に出てきてます？

はな　いやー、月1か2かな。

でん　たまにめっちゃ多くて3とか。

伊沢　俺たちが行ったほうがいいね。全員で乗り込んで。

でん　やっぱり大阪ではありたい。大阪のはなおであってほしいというのがあるんで。もちろん、東京にも拠点はあったほうがいいとは思うんですよ。

はな　それか、QuizKnockと勉強合宿みたいな。10人くらいで畳の部屋で机並べて勉強するみたいな。

伊沢　全員で簿記試験とかの勉強したら面白いかも。

はな　海水浴とかでもいいんだけど、俺は相手の垣根を取っ払うということをやりたいから。コラボの大義名分で。

でん　QuizKnockに限らず、はなおチャンネルで見る他のYouTuberは、いつもとけっこう違うってなってると思う。

伊沢　それが売りにもなりますよね。

ふく　僕もちょんまげは、はなおチャンネルでしか付けてないですね（笑）。

はな　はなおチャンネルはいつもと違うQuiz-Knockが見れるし、良さも引き出してくれるみたいなコメントをもらえた時に「ウェーイ！」ってなるから。そこに快感を覚えている。

ふく　あとは、はなおさんのプロデュース力を習得したいというのはありますね。

でん　それやったら、はなおの撮影前、撮影後とかを見たほうがいいかもしれない。振る舞いとかを。

伊沢　撮影前のはなおさんの指示はめっちゃ面白かったし勉強になりましたね。

ふく　ふたりで動画を企画させてもらうとか。

はな　ふくらPと俺がってこと。あー、それは確かに面白いかも。

ふく　それで、お互いにここはこうしたほうがみたいに。

はな　ふくらPと俺は、逆に混ざり合わずにぶつかって、割とサイコな企画になるかも。ふたりでガチ喧嘩みたいな。それはそれで面白いけど。

でん　それがもう企画で良くない？　企画会議シャッフルみたいな。お互いの理念がぶつかる姿とかも、それは見せていいのかなと思うし。

伊沢　とりあえず夏合宿しましょう。

でん　夏合宿で夜揉めるとかやりたいよね。夏合宿っていうだけでテンション上がるわ。もしかしたら一緒に若返れるかも。田舎の旅館とか行きたいな。

はな　ありやな。

伊沢　この本の発売は秋ですが、もしそれまでに実現していたら、あの時に話をしていたやつだなと思ってもらえれば。はなおさん、でんがんさん、今日はありがとうございました！

特別付録

QuizKnock カルタ

特設サイトにて行ったQuizKnockファンのみなさまからの企画公募で実現したのが本付録。YouTubeチャンネル登録者数50万人記念動画で使用した「QuizKnockカルタ」を、お好きなところでお楽しみいただけます。名言・名場面がカルタ化されているので、QuizKnockの紹介にもぴったり!? 企画をご応募いただいたみなさま、ありがとうございました！

遊び方

切り取り線に沿ってカッターなどでカットして遊びましょう。本をカットするのはちょっと……という方はコピーして遊ぶのがオススメです。

QuizKnock QuizKnock

QuizKnock QuizKnock

QuizKnock QuizKnock

QuizKnock QuizKnock

QuizKnock QuizKnock

QuizKnock QuizKnock

QuizKnock   QuizKnock

QuizKnock   QuizKnock

QuizKnock   QuizKnock

QuizKnock   QuizKnock

QuizKnock   QuizKnock

QuizKnock   QuizKnock

の	は
ひ	ふ 福井薄っす!!
へ	ほ いいああいあああんえ
ま	み
む 無神論者なんで	め
も もじゃもじゃ亡者。 このギャグはバケモンでしょ	や やじゃん。

QuizKnock QuizKnock

QuizKnock QuizKnock

QuizKnock QuizKnock

QuizKnock QuizKnock

QuizKnock QuizKnock

QuizKnock QuizKnock

QuizKnock QuizKnock

QuizKnock QuizKnock

QuizKnock QuizKnock

QuizKnock QuizKnock

QuizKnock

あ	手首につけるアクセサリーをブレスレットといいますが、足首につけるアクセサリーは何という？	**い**	あぁいどぅくいずおっくぇんちゅうおうの……
	アンクレット		伊沢拓司です
う	ひとりでつぼに入るナイスガイ。	**え**	右手に持っているの、エリンギじゃなくて……
	うさぎおいしかの山		えのきか〜
お	直近の6だけを消す効果がある！	**か**	各世界のトップ。キリスト、釈迦とこの男。
	オーマイムー		河村拓哉
き	きで始まる見るべきものといえば？	**く**	思わず、縄文時代かよ!!って突っ込みたくなる。
	旧作		屈葬!!
け	見えたものを信じてもらってもいいんですよ!? 灰色でした〜!!	**こ**	四字熟語「花生白命(かせいはくめい)」を……
	計画通り		ご存じない!?
さ	イタリア・ミラノにある、ダ・ヴィンチの「最後の晩餐」が飾られている教会といえば？	**し**	もちろんこれも乗り物です。キャンピングカーじゃなくて……
	サンタ・マリア・デッレ・グラツィエ教会		シャークいっぴき

す	英語で「無計画に広がる」という意味がある、市街地が周辺へ無秩序に広がる現象を何という？	**せ**	これを言えば誰でも完走間違いなし？
	スプロール現象		絶対完走しよーなー！
そ	大化の改新後、右大臣になりました。	**た**	では、正解を見ていきましょう。生、お〜いお、午後の紅、……
	蘇我倉山田石川麻呂		太陽のマテ
ち	この人に憧れちゃいかんでしょう。アンドレイ・	**つ**	ページ数をメモする伊沢と河村。須貝がツッコむ。
	チカチーロ		ツッコミがめんどくさい！
て	アーリス・キントの死体を描く、レンブラントの代表作。	**と**	須貝は「スガイ」か「ナイスガイ」って書いとけ〜。
	「テュルプ博士の解剖学講義」		トルネードサザエかい！
な	YouTuber始める前からこの挨拶。	**に**	パイロキネシス王決定戦の結果わかった、QuizKnockには……
	ナイスガイの須貝です		人間なし
ぬ	源頼政が退治した、頭は猿、胴は狸、尾は蛇、手足は虎に似た動物は？	**ね**	2回目の「ザッ」。もしかしてこれも……
	鵺(ぬえ)		ねじれの位置

千鳥じゃない。日本人として初めて南極大陸に上陸した。

蠧（白瀬）
のぶ

 初登場での挨拶で衝撃の事実が判明。

バーチャルYouTuberの水上颯

 ある物事に20人中6人が該当することを円グラフで表す場合、扇型の中心の角度は何度？

ピースの角度は108度

ふ 南米大陸に紛れてても、このおかげでわかります。

福井薄っす
う

 2018年12月に新発売。ペヤングの新作とは？

ペヤング ソクラテスの死

ほ おんあい あうおんあいうんおいいんおうええあういあういうおおおおあんおいう？
（問題 ある問題文の子音を全てなくしたクイズのことを何という？）

母音クイズ

 焼き鳥丼を注文したナイスガイ。いるとしか思えない。

マクスウェルのデーモン

み 「天使のスプーンですくったら」※の歌い出しで知られるNHKのお料理アニメ。
※『味楽る！ミミカナンバーワン』(作詞：Goma) より。

味楽る！ミミカ
みらく

 お守りをつけるのを拒む伊沢拓司。だって彼は……

無神論者なんで

め あのー、あれ、だめだよーって言うことが仕事のルなんとかさんが、絵を描くモなんとかさんって人の絵から名前をつけたやつ。

めっちゃ思い出に残ってる派

も 「死んだ人です。」だけだとそっけないので付けとこう。

もじゃもじゃ亡者

 かたくなに「ナイスガイポーズ」をしない川上。だって……

やじゃん

QuizKnock

QuizKnock
QuizKnock
QuizKnock
QuizKnock
QuizKnock
QuizKnock
QuizKnock
QuizKnock
QuizKnock
QuizKnock
QuizKnock

ゆ カモンベイビーエスワティニ〜 このゲームは…… **USSR ゲーム**	**よ** ふくらPは「よくわかる解説」。 じゃ、志賀くんは？ **容赦ない解説！**
ら 原子番号104の元素。イギリス の物理学者にちなむのは…… **ラザホージウム**	**り** 「おまま！」「ほうれん草と言わ ずにポパイ！」こうちゃんが苦 手な…… **リズムゲーム**
る 原子番号71の元素。パリの古 い名前にちなむのは…… **ルテチウム**	**れ** きのこの山とたけのこの里で再 現してみた！ **レウクトラの戦い！**
ろ 悪い心と良い心、両方持ってる。 **ロールパンにゃちゃん**	**わ** 加藤ひふふひ？ 何じゃそれ。 これで覚える…… **ワンツーツーワン！ 承久の乱！**
ん しりとりのルールをわからん伊 沢拓司。何度も何度も…… **「ん」で終わる伊沢拓司**	

QuizKnock

QuizKnock
QuizKnock
QuizKnock
QuizKnock
QuizKnock
QuizKnock
QuizKnock
QuizKnock

QuizKnock（クイズノック）

クイズ王・伊沢拓司によって集められた東京大学クイズ研究会を中心とするメンバーが運営するWEBメディア。「身の回りのモノ・コトをクイズで理解する」がコンセプトで、話題のニュースやお役立ち情報、マニアックなテーマまで、幅広い情報をクイズ形式で伝えている。2016年10月にオープンし、2017年4月にYouTubeチャンネルを開設。急成長を遂げ、月間PVは700万、YouTubeチャンネル登録者数は90万人を突破（2019年9月現在）。
https://quizknock.com

QuizKnock ファンブック

2019年 10月 23日　　初版発行

著　　　者	QuizKnock	
	（伊沢拓司、川上拓朗、河村拓哉、福良拳、須貝駿貴、山森彩加、こうちゃん、山本祥彰、K.Mimori、宮原仁、神山悠翔、森川舜、縄手佑平、青松輝、志賀玲太、オグラサトシ他）	
装　　　幀	飯田千瑛	
写　　　真	安岡花野子、よねくらりょう、Shotaro Sugiyama	
イラスト	しまはらゆうき（P39,P51,P89,P123）、尾崎風歩（P121）	
協　　　力	鈴木章大	
販　売　部	野田愛子	
編　集　人	鈴木収春	
発　行　人	石山健三	
発　行　所	クラーケン	
	〒101-0064 東京都千代田区神田猿楽町2-1-14 A&Xビル4F	
	TEL　03-5259-5376	
	URL　https://krakenbooks.net	
	E-MAIL　info@krakenbooks.net	
印刷・製本	中央精版印刷株式会社	

©QuizKnock, 2019, Printed in Japan.
ISBN 978-4-909313-08-9
乱丁・落丁本はお取り替えいたします。

QuizKnock

問題は71P

| Mini Quiz | A.23 | ねじれの位置 | 2直線が同一平面にある場合は平行か交わるかのどちらかしかないということも学べる。（ふく） |